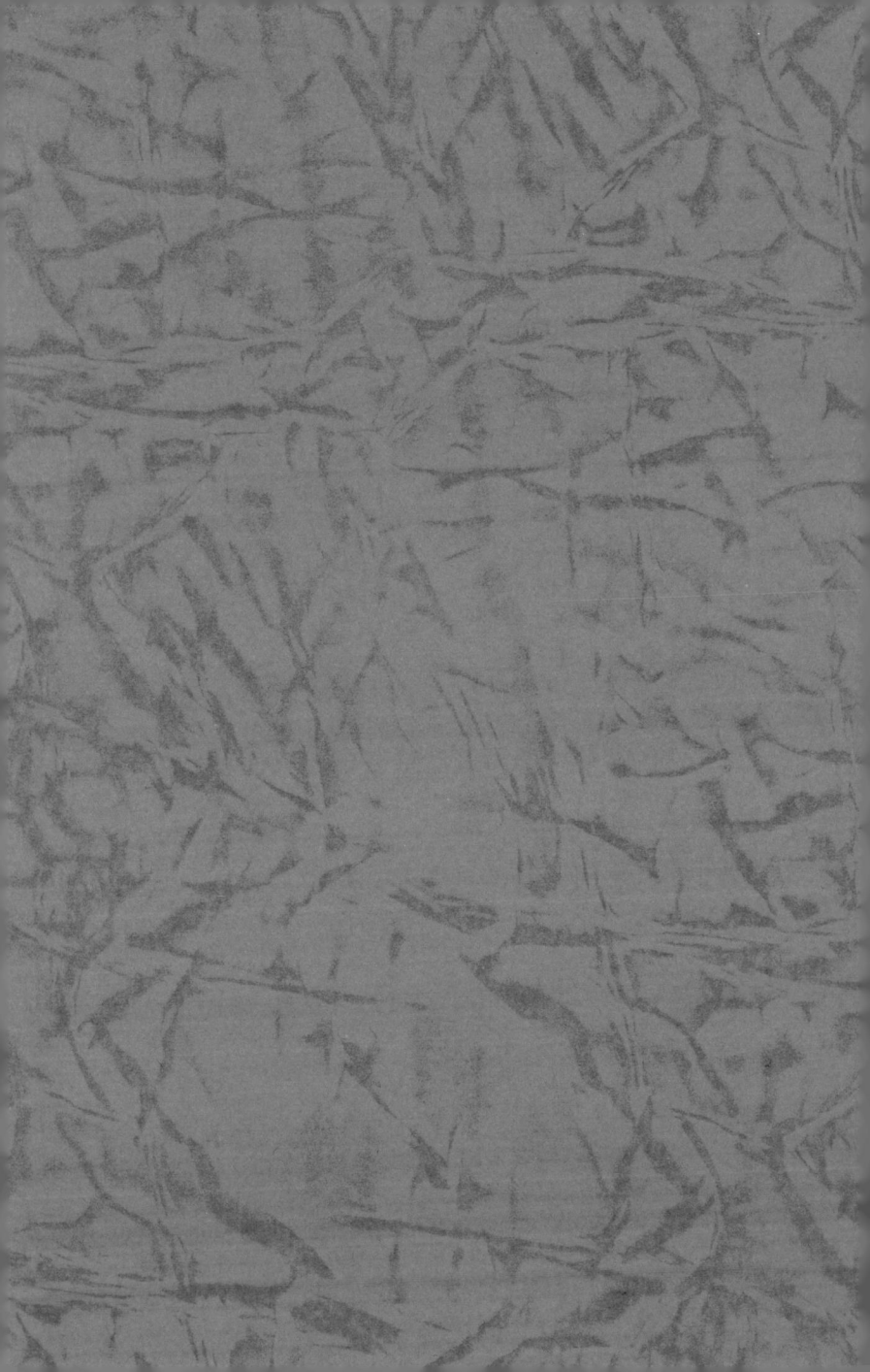

행복한 시인

배굉호 지음

도서
출판 **영문**

A Happy Poet

- current columns for Evangelism -

By
Rev. Goeng-ho Bae (Th.D)

2002
Young Moon Publishing Co.,
Seoul, Korea

추천사

고신대학교 총장 황창기

배 목사님은 목회를 하시면서 어느 것 하나 예사로이 지나치지 않으시는 분 같습니다. 어떤 사건이나 신문 기사, 다양한 예화들에 이르기까지 모든 것이 배 목사님에게는 소중한 목회 자료가 됩니다. 배 목사님은 이렇게 접한 모든 것들을 가지고 사랑하는 성도들을 위해서 매주일 성실하게 글을 기록하십니다. 언뜻 알 수 있는 표면의 뜻뿐만이 아니라 성경적 시각으로 심오하게 재조명하고 해석한 보석같은 글들입니다. 이 글들을 통해서 제각각의 다양한 상황에 처한 성도들에게 말씀을 통해 위로하고 격려하며 명확히 나아갈 바를 가르쳐 줍니다. 그런 사랑과 관심의 보약이 바로 계속해서 써 오고 있는 목회 편지와 칼럼들인 것입니다. 낙심하여 침체에 빠진 성도이거나 시험에 든 성도, 고통 중에 신음하고 있는 교인들에게 목회 칼럼과 편지들은 새 힘을 내게 하는 자극제가 되고 큰 격려가 되어 왔으리라 생각합니다.

이번에 『행복한 시인』이라는 제목으로 배 목사님의 목회 칼럼과 편지들을 모아 책을 엮게 되었습니다. 배굉호 목사님은 남천교회 담임 목사로 성실히 목회에 힘쓰는 목회자이시고, 고신대학교와 신대원에서 겸임교수로 후학을 가르치는 일에 열심을 내고 계실 뿐 아니라 바쁜 목회와 강의 가운데서도 꾸준히 많은 책들을 펴내고 있는 성실한 분이십니다.

　이처럼 귀한 칼럼집을 통해 믿지 않는 이들에게 더욱 더 복음이 증거되고, 믿는 성도들에게는 새로운 희망과 용기를 풍성히 주는 도구가 되기를 기원합니다. 아름다운 하나님 나라의 청지기로서 한 성도 한 성도를 바로 세우는데 크게 쓰임 받을 줄 확신하며 적극 추천하는 바입니다.

주후 2002년 9월

머리말

할렐루야!

우리가 세상을 살아갈 때 항상 기쁘고 즐거운 일만 있는 것이 아닙니다. 때로는 힘들고 어려운 일들이 많이 있습니다. 또한 우리 자신들이 늘 강하고 부지런한 것이 아니라 약해지기도 하고 나태해지기도 합니다. 우리의 신앙생활에도 마찬가지입니다. 열심히 신앙생활을 할 때가 있고 그렇지 못하여 힘이 빠지고 교회를 멀리 할 때가 있습니다.

그래서 부족한 종이 10여년 전부터 주보에 「목회칼럼」, 「목회편지」, 「사랑과 행복을 위한 편지」를 편집하고 작성해서 사랑하는 성도들에게 조금이라도 도움이 될 수 있도록 보내기 시작했습니다. 또한 여러 권의 책으로도 출간되었습니다.

하나님의 은혜로 금번에 「행복한 시인」이라는 칼럼집을 발간하게 되었습니다. 이 책이 출판되어 나온 글 중에는 신문, 잡지, 그리고 인터넷을 통하여 우리에게 감명을 주고 교훈을 주는 내용들을 제가 정리한 것뿐입니다. 다만 저는 결론부분에서 성경적인 교훈으로 결론을 내어 하나님의 메시지를 부각시키려고 한 노력을 해 보았습니다. 그동안 발간된 책들은 인터넷에서도 이용되고, 다른 책들에도 인용되고, 지하철 선교에도 일익을 담당하고, 무엇보다 저희 사랑하는 성도들에게 많은 도움을 주고 있으며, 전도지로 사랑을 받고 있음에 감사할 뿐입니다. 이 일은 주의 도우심 속에 앞으로 계속되어질 것입니다.

 이 책이 발간되기까지 기도해 주시고 협력해 주신 남천교회 모든 분들에게 감사드립니다. 특히 출판위원장을 비롯한 출판위원들과 김상수 강도사님, 공혜숙 전도사님께 감사드립니다. 종전과 같이 이 책의 모든 수익금은 교회확장헌금으로 바쳐질 것입니다.

"오직 하나님께 영광" (Soli Deo Gloria)
"오직 은혜" (Sola Gracia)

주후 2002년 9월
남천교회를 섬기는 종 배광호

차례

추천사 ■ 3
머리말 ■ 5

1부

1. 대통령의 어머니	12
2. 산이 거기 있기 때문에 나는 올라갑니다	16
3. 거짓말, 정직, 그리고 명예	20
4. 님비(NIMBY)현상과 핌피(PIMFY)현상	24
5. 한 번의 연주를 위해 1,500회 연습을 한다는 데	28
6. 언더우드 선교상 받은 김용만 선교사의 고백	31
7. 인간 승리 장애자 소년과 그 어머니	35
8. 아프간 여자들의 불행	39
9. 한국 입양아를 키운 美 파이크 부부	43
10. 인간 승리의 '커크 더글러스 고등학교'	46
11. 어느 룸살롱의 크리스마스	49
12. 미국 유태인 사회의 성공비결	53
13. 마음으로 악보를 읽은 인간 승리	57
14. 아카데미 남우 주연상을 받은 덴젤 와싱턴의 고백	60
15. 장로 9명 나온 집안	63

차례

2부

1. 행복한 시인	68
2. 美 대통령들의 최대 덕목은 깊은 신앙심	72
3. 희망을 실은 애덤 킹의 프로야구 시구	76
4. 외모로 판단해서는 안됩니다	80
5. 백만장자와 행복	83
6. 나이 먹을수록 직언하기가 힘듭니다	86
7. 암을 극복한 랜스 암스트롱 투르 드 프랑스 3연패	89
8. 미션바라바-한국인 아내가 야쿠자 두목을 변화시킴	93
9. 산불 벌금 130만원을 변상하기 위해 20년 세월 보낸 정직한 할머니	97
10. 부자 흉내 신드롬	101
11. 천사처럼 돈을 쓰고 싶은 사람	105
12. 밥퍼 운동 자원봉사자 외국인 교수	109
13. 하나님께 영광 돌린 최고의 골퍼 최경주	113
14. 목숨과 바꾼 장애인 사랑 표병구 목사	117

3부

1. 1등 신랑감	122
2. 미국인은 결코 진주만을 잊지 않습니다.	125
3. 복권	128
4. 우리는 장애인들을 통해서 배워야 합니다	132
5. 저도 구원받고 싶습니다	136
6. 기억에 남는 아름다운 여성	139
7. 여자들은 왜 점을 보러 갈까?	142
8. 죽어서도 화제를 남긴 영국 마거릿 공주	146
9. 주님은 부활하셨습니다	149
10. 원수를 용서함으로 복수한 미국계 유대인 여성	154
11. 감동 있는 만남을 준비합시다	158
12. 아시아 20大 영웅에 선정된 젊은이	162
13. 현대판 고려장	166
14. 월드컵을 통한 감사	169

1부

1. 대통령의 어머니
2. 산이 거기 있기 때문에 나는 올라갑니다
3. 거짓말, 정직, 그리고 명예
4. 님비(NIMBY)현상과 핌피(PIMFY)현상
5. 한 번의 연주를 위해 1,500회 연습을 한다는 데
6. 언더우드 선교상 받은 김용만 선교사의 고백
7. 인간 승리 장애자 소년과 그 어머니
8. 아프간 여자들의 불행
9. 한국 입양아를 키운 美 파이크 부부
10. 인간 승리의 '커크 더글러스 고등학교'
11. 어느 룸살롱의 크리스마스
12. 미국 유태인 사회의 성공비결
13. 마음으로 악보를 읽은 인간 승리
14. 아카데미 남우 주연상을 받은 덴젤 와싱턴의 고백
15. 장로 9명 나온 집안

1 대통령의 어머니

"여기에 한 여자가 있습니다. 그녀는 가족들과 많은 시간을 보냈습니다. 그녀는 크리스천 디오르 옷을 입지 않았습니다. 그녀는 번쩍거리지 않고 욕심을 부리지 않았습니다."

조지 W. 부시 대통령의 어머니 바버라 부시는 특별한 여성입니다. 남편이 대통령이었고 이번엔 아들이 대통령이 되었습니다. 미국 역사상 부자(父子)가 대통령을 하기는 애덤스 부자(父子)에 이어 부시 부자(父子)가 두 번째입니다. 존 애덤스 대통령은 아들 존 퀸시 애덤스가 1825년에 대통령에 취임하는 것을 보았으나 부인 애비게일 여사는 1818년에 사망해서 그것을 보지 못했습니다. 그래서 바버라 부시는 대통령의 부인을 지내고 또 아들의 대통령 취임을 보는 최초의 미국 여성인 셈입니다.

유복한 가정에서 태어난 바버라는 16세 때 필립스 고교에 다니던 조지 부시를 처음 만났습니다. 1년 반 후 이들은 약혼을 했지만, 부시는 곧 해군에 입대했습니다. 부시는 당시 해군 역사상 가장 젊은 항공장교로 태평양 전선에 참전해 혁혁

한 공을 세웁니다. 부시는 58회 출격 때 일본군 대공포에 격추되고, 낙하산으로 탈출한 그는 4시간 동안 바다에 떠 있다가 미군 잠수함에 극적으로 구조됩니다. 본국으로 전출된 부시는 바버라와 재회하고 곧 결혼을 합니다. 결혼을 위해 바버라는 다니던 스미스 대학을 중퇴했습니다. 부시는 전역 후 예일대에 다녔고, 대학졸업 후에는 텍사스로 이사해서 석유사업을 벌입니다. 이어 정계에 진출한 그는 하원의원, 주중대사, 중앙정보부 국장 등을 거쳐 부통령과 대통령을 지냅니다. 부시 부부는 여섯 자녀를 두었는데 첫째가 조지 W.부시 대통령입니다. 둘째인 로빈은 어릴 때 백혈병으로 죽었고, 셋째인 제브는 현재 플로리다 주지사입니다.

백악관 안주인으로서 바버라 부시만큼 국민의 호감을 산 퍼스트 레이디도 드물었다고 합니다. 남편이 대통령직에서 물러났던 해 월스트리트 저널과 NBC의 여론조사는 부시 대통령에 대한 국민의 긍정 평가가 50%에 머물렀던 데에 비해 바버라는 60%를 획득했다고 발표했습니다. 바버라에 대한 인상은 '뚱뚱하고 머리가 희고 얼굴에 유난히 주름살이 많고 어디에 있는지 잘 보이지 않는 여자'였습니다. 그녀는 이끄는 역할은 사양하고 언제나 밀어주는 역할을 했습니다. 남편이 대통령이 될 때까지 40여 년 동안 29회나 전국으로 이사 다니며 배후에서 뒷바라지만 했습니다.

백악관 주인공들을 전문적으로 연구하는 컬럼비아 대학 에텔 클라인 교수는 "바버라 부시는 오랜 스스로의 훈련을 통해 자기의 의견을 고집하지 않는 방법과, 자신의 욕구에 항복하지 않을 수 있는 힘과, 배후에 그늘로 서 있는 의미를 배웠다."고 말합니다. 또 클라인 교수는 "미국 여성들이 대체로 직업, 남편, 이웃과의 관계에서 경쟁적이지만 바버라는 스스로 평화스럽게 살며 누구보다 나아져야겠다고 버둥거리는 타입이 아니다. 그래서 인기가 있는지도 모른다."고 했습니다.

바버라의 별명은 '할머니'였습니다. 그러나 그녀는 '미국 국민의 할머니'였습니다. 바버라 자신은 말합니다. "나는 어쩌면 비겁한 사람의 길을 걸어 왔는지도 모릅니다. 중요한 일에도 내 주장을 별로 내세워 보지 못했습니다. 더군다나 정치 문제는 남편이 혼자 결정하도록 내버려두었습니다." 그러나 바버라가 결코 무능해서 뒷전에만 앉아 있었던 것은 아닙니다.

럭거즈 대학의 여성문제 연구소 룻 맨델 교수는 "백악관의 주인으로서 우리 눈에 비친 바버라 부시는 자기가 할 수 있는 한계를 잘 아는 분별력과, 기어이 해내는 결단력과, 자기가 한 일에 대해 철저히 책임지는 인간이었다."고 평했습니다. 클라인 박사는 바버라에 대한 표현을 이런 말로 대신했습니다. "여기에 한 여자가 있습니다. 그녀는 가족들과 많은 시간을 보냈습니다. 그녀는 크리스천 디오르 옷을 입지 않았습니다. 그녀는 번쩍거리지 않고 욕심을 부리지 않았습니다." 젊은 여성들은 바버라 여사가 자신의 인생을 위해 한 일이 뭐냐고 물었습니다. 신세대 커리어 우먼인 힐러리에 비교해서 그녀를 '남편과 아이들 뒷바라지나 한 여자'라고 깎아 내리는 분위기도 있었습니다. 그러나 아들의 대통령 취임식에서 파안대소하는 바버라 여사의 모습은 그녀의 인생이 매우 보람된 것이고 어떤 여성보다도 성공적이고 화려했음을 보여주었습니다.

성경은 말씀합니다. "고운 것도 거짓되고 아름다운 것도 헛되나 오직 여호와를 경외하는 여자는 칭찬을 받을 것이라" (잠 31:30)

2001. 1. 14. 목회 편지

2 산이 거기 있기 때문에 나는 올라갑니다

중요한 것은 단순히 정상을 정복하는 한순간의 짜릿함을 위해 인생을 살다 갈 것인지, 아니면 그 정상을 향해 올라가는 여정 속에서 값있고 뜻있는 시간들을 보낼 것인지를 결정해야 한다는 것입니다.

"산이 거기 있기 때문에 나는 올라갑니다"란 말은 전설적인 에베레스트 등반가인 조지 말로니가 "당신은 왜 그토록 위험한 산에 오르는가?"라는 질문에 답했던 말입니다. 모험 정신과 창조 정신이 가득한 말입니다. 칼 메스너란 사람이 있습니다. 이 사람은 세계 최초로 산소통과 안내인, 그리고 어떤 안전 장치도 없이 에베레스트를 등반했으며, 8,000미터 이상 되는 히말라야의 14개 봉우리를 역시 최초로 올랐던 위대한 등반가입니다. 그가 이런 말을 했습니다. "정상에 오르는 것보다 어떤 방법과 길을 택하여 오르느냐가 더 중요합니다. 한번 올라갔던 산일지라도 조건과 방법을 달리하면 그 산은 우리에게 늘 새로운 도전의 대상이 됩니다." 산의 정상을 정복하는 것보다 정상을 향하여 올라가는 한 걸음 한 걸음이 더 중요하다는 것입니다. 정복욕과 이기심에 가득 차 어떤 방법을 쓰든지 일단 정상에 올라서고 보자는 현대인들에게 메스너의 이야기는 맑고 청량한 음성으로 다가옵니다.

그는 어렵고 힘든 등산을 마치고 돌아와서 얼마 후 또다시 길을 나서려고 했을 때 주위에서는 "왜 위험한 곳을 또 가려 하느냐?"고 물었습니다. 그때 그는 이렇게 대답했습니다. "갈 수 있으니까 갑니다. 올라갈 수 있으니 길을 나서려고 합니다." 자신이 가야 할 길을 알고 있고, 그 길을 오늘도 최선을 다해 간다는 것은 참으로 아름다운 일입니다.

남천교회 남성 성경공부반에서 지리산 산상 기도회를 가졌습니다. 놀라운 일은 3·1절 봄이 시작하는 계절 3월 1일에 때아닌 함박눈이 내려서 우리를 환영함으로 아주 신비로운 산행을 했습니다. 물론 1,350미터의 등산은 준비되지 못한 몸으로 올라가려니 힘들고 어려웠습니다. 그러나 산꼭대기에서 무릎을 꿇고 기도하고, 찬송을 부르며 예배드리는 시간을 그 무엇으로 형용하겠습니까? 그렇게 바람이 강하다고 하는 지역도 우리가 예배드리는 시간은 너무도 조용했고, 예배가 끝나자마자 다시 눈보라가 몰아쳤습니다. 안개로 인해 몇 미터 앞이 보이지 않던 산세가 찬송을 부를 때에는 환하게 걷히고 햇살이 비추이면서 숨겨진 눈으로 덮였던 비경을 우리에게 보여주었습니다.

그날의 설교는 "우리가 산에 올랐다. 우리의 도움은 천지를 지으신 여호와 하나님"이었습니다. 우리는 산에 올랐습니다. 모세도 올랐습니다. 예수님도 오르셨습니다. 그리고 하나님의 비전을 보았습니다. 우리는 주의 도우심으로 그 비전을 이룰 수 있습니다. 어떤 사람이 예수님께 와서 헤롯이 지금 예수님을 죽이려는 음모를 꾸미고 있으니 얼른 피신해야 한다고 했을 때, 주님은 이렇게 말씀하셨습니다. "그러나 오늘과 내일과 모레는 내가 갈 길을 가야 하리라"(눅 13:33). 자신이 가야 할 길을 알고 있고 그 길을 다 가도록 하나님께서 분명히 인도하실 것이라는 믿음을 가지고 계셨기에 흔들림 없었던 예수님이셨습니다.

오늘 모든 사람들은 잘 살고 행복해지기를 바랍니다. 인생의 정상에 올라서기를 원하고 있습니다. 그런데 중요한 것은 단순히 정상을 정복하는 한순간의 짜릿함을 위해 인생을 살다 갈 것인지, 아니면 그 정상을 향해 올라가는 여정 속에서 값있고 뜻있는 시간들을 보낼 것인지를 결정해야 한다는 것입니다. 여기에 따라서 어떤 길, 어떤 방법을 통하여 올라갈 것인지가 선택되어질 것이기 때문입니다. 걸어서 갈 수도 있고, 헬리콥터로 날아오를 수도 있습니다. 암벽을 타고 올라갈 수도 있으며, 그리고 예수님을 믿고 의지하며, 예수님이라는 길을 통해 인생의 산을 올라갈 수도 있습니다. 이 결정은 인생 전체에 아주 중요한 영향을 끼칠 것입니다.

성경은 말씀합니다. "내가 산을 향하여 눈을 들리라 나의 도움이 어디서 올꼬 나의 도움이 천지를 지으신 여호와에게서로다"(시 121:1-2)

2001. 3. 4. 목회 편지

거짓말, 정직, 그리고 명예

우리 주위에 비록 거짓말이 많더라도 우리는 정직해야 하고, 우리 자녀들에게는 '우리 부모는 정직했다'는 것을 가르쳐야 할 것입니다.

미국의 지식인 사회에서 조셉 엘리스(57)는 알만한 사람은 다 아는 저명한 학자입니다. 몇 년 전 세상에 내놓은 '제퍼슨 전기'나 최근 역사부문에서 퓰리처상을 수상한 '건국의 형제들-혁명의 세대' 등 무게 있는 저술로 전국적인 명성을 쌓은 사람입니다. 이렇게 훌륭한 상을 받고 '리버럴'한 생각을 가진 고매한 인격자로 알려졌던 엘리스 박사가 최근 미국의 지식인 사회에서 말못할 수모를 겪고 있습니다. 월남전에 참전한 후에 반전운동과 인권운동에 헌신적으로 참여했다는 그의 경력과 공적사항이 하나같이 새빨간 거짓말임이 속속 드러나고 있기 때문입니다. 명예를 존중하는 학자가 왜 이렇게 터무니없는 거짓말을 밥먹듯 했는지 미국사회에 끊임없는 화제를 뿌리고 있습니다.

그동안 대학에서 역사학과 베트남 강의를 해오던 그는 수업 시간마다, 또 신문 인터뷰 때마다 "공수부대 소대장으로 월남전에 참전했다."고 주장했습니다. 그러나 군의 어느 기록에도 그가 참전했다는 기록은 없습니다. 월남에 있을 때에는 웨스트모어랜드 사령관실에도 근무했으며, 당시 뉴욕타임스 핼버스탐 특파원을 만나 여러 가지 얘기를 나누기도 했다고 말하지만 당사자인 핼버스탐조차 이를 완강히 부인하고 있습니다. 더욱 황당한 것은 월남전 참전경험은 그로 하여금 평화운동에 나서게 했고, 그 결과 반전주의자가 되었으며, 또 인권운동도 하게 되었다는 그의 주장입니다. 그러나 대학원 시절의 지도교수나 동료들, 그리고 주변의 모든 사람들이 그의 반전운동 참여사실을 부인하고 있습니다. 보스턴 글로브에 따르면 미국의 언론들도 그의 주장들을 뒷받침할 어떠한 기록이나 증인을 찾지 못하고 있습니다. 저명한 대학의 학장 등 여러 요직을 거치며 남들이 부러워하는 퓰리처상까지 받은 엘리스 교수의 이러한 상습적인 거짓말 행각에 대해 미국 지식인들은 도무지 이해하지 못하겠다는 표정들입니다.

반면 미국의 초대 대통령이었던 워싱턴의 어린 시절의 일화입니다. 워싱턴은 아버지가 아끼는 나무를 도끼로 찍어 버렸습니다. 아버지는 누구의 짓이냐고 하자 워싱턴은 자신이 그랬다고 고백했습니다. 아버지는 아들의 솔직성을 되레 칭찬하고 격려했습니다. 그만큼 정직성은 어떤 가치보다 위에 있다는 점이 강조됩니다. 정직성은 바로 '양심의 소리' 입니다.

월간 리더스 다이제스트지는 최근 한국인의 정직도가 세계 4위라고 발표해 관심을 끕니다. 돈지갑을 떨어뜨린 후 그 회수율을 토대로 한 것입니다. 한국은 회수율 70%로 호주와 일본과 함께 공동 4위를 차지했습니다. 1위는 회수율 100%의 노르웨이와 덴마크였습니다. 미국은 67%, 프랑스 60%, 독일 45%, 이탈리아 35%, 중국 30%, 멕시코 21% 등으로 나타났습니다.

정직도가 낮을 것으로 비하하기 일쑤였던 한국사람들에게는 의외의 결과로 받아들여집니다. 왜 그렇습니까? 결론은 간단한지 모릅니다. 서민 대중은 거의 양심적으로 조용히 고개 숙여 살고 있습니다. 반면 공직자나 지도층들의 경우, 대부분이 '거짓투성이'로 요란하게 각인되고 있습니다. 공직자의 청렴도를 나타내는 부패지수가 마침 세계 42위의 높은 수준이란 점도 이와 관련 있을 것입니다. 진정한 명예는 정직 없이는 성립되지 않습니다.

우리 주위에 비록 거짓말이 많더라도 우리는 정직해야 하고, 우리 자녀들에게는 '우리 부모는 정직했다' 는 것을 가르쳐야 할 것입니다. 정직을 유산으로 물려주는 것보다 더 큰 명예는 없을 것입니다.

성경은 말씀합니다. "여호와의 도가 정직한 자에게는 산성이요 행악하는 자에게는 멸망이니라"(잠 10:29)

2001. 7. 1. 목회 편지

4. 님비(NIMBY)현상과 핌피(PIMFY)현상

우리는 님비와 핌피의 현상 중 어느 것을 선호해야 합니까? 우리의 이웃과의 관계에서 우리 모두가 이기주의자가 되어서는 안됩니다.

님비 (NIMBY)현상이란 내 집 뜰에는 안 된다는 영어 'Not in my backyard'에서 나온 말입니다. 이 말은 쓰레기매립장, 분뇨처리장, 하수종말처리장 등 소위 혐오시설들을 자기의 집 주변에 두지 않으려는 지역주민 반대현상을 나타내는 말입니다. 즉, 쓰레기매립장이나 소각장 등 혐오시설의 필요성을 인정하면서도 '남의 뒷마당'에서 이뤄지길 원하는 자기중심적인 사고라 할 수 있습니다. NIMBY의 반대말은 PIMFY(Pleas, in my front yard)로 지역에 유리한 사업을 서로 유치하려는 현상을 말합니다.

3,168톤의 쓰레기를 실은 바지선 '모브로 4000호'가 뉴욕 근교의 작은 동네인 아이슬립을 출발한 것은 1987년 3월이었습니다. 아이슬립에서 배출된 쓰레기였지만 처리할 방법이 마땅치 않자 받아줄 곳을 찾아 무작정 항해에 나선 것입니다.

노스캐롤라이나, 플로리다, 엘리배마, 미시시피, 루이지애나, 텍사스 등 미국 남부 6개 주를 전전했으나 어디에서도 받아주지 않았습니다. 중남미로 방향을 돌려 멕시코와 벨리즈, 바하마까지 갔지만 거기서도 모두 '노 생큐'였습니다. 결국 쓰레기는 6개월 동안 6개 주 3개국을 떠도는 6천 마일의 오디세이 끝에 아이슬립으로 되돌아왔습니다. 이때 미국에서 생겨난 말이 님비(nimby)입니다.

님비에 반대되는 것이 핌피(pimfy)현상입니다. 핌피 신드롬은 자기 동네에 이득이 되는 시설을 유치하기 위해 너도나도 발벗고 뛰는 현상입니다. '제발 우리 집 앞마당에'(Please in my front yard) 지어달라며 운동을 벌이는 현상입니다. 바나나(banana) 신드롬이란 말도 있습니다. '우리 동네 사람 근처에는 절대 아무 것도 짓지 말라'(Build absolutely nothing anywhere near anybody)는 뜻입니다. 님비현상과 같은 의미입니다.

님비현상은 어느 나라에서나 골칫거리입니다. 뉴욕시는 아이슬립의 '쓰레기 오디세이' 교훈을 통해 '공평부담기준'이라는 것을 만들었습니다. 특정 지역에 혐오시설을 신설할 때에는 도시 전체지역 차원에서 부담과 이익을 공평하게 분담해야 한다는 원칙입니다. 그래서 흔한 접근방식이 보상입니다. 혐오시설이 들어서는 지역주민에게 직접 보상을 해주거나, 세금감면이나 일자리 제공 등 간접보상을 해줍니다. 혐오시설 입지에 따른 예상손실을 보험으로 커버해 주는 경우도 있습니다.

전국적으로 님비현상이 일어나고 있습니다. 사전 준비를 충분히 하지 않은 것도 이유가 되겠지만 내가 속한 지역과 기업은 무조건 안 된다는 이기주의가 일관된 정책집행에 큰 장애가 되고 있습니다. 쓰레기매립장, 장애인 복지시설, 핵폐기물처리장 등 혐오시설이 어딘가에는 세워져야 하고, 기업 구조조정 역시 이뤄져야 함을 우리 모두가 인정한다면 긍정적으로 받아들일 수 있는 용기가 필요합니다.

정부나 추진기관들도 국민들을 설득하고 유인할 수 있는 가장 현명하고 합리적인 대안을 마련해야 하겠습니다. 우리 사회 구성원들 각자가 지역이나 집단 이기주의에 빠지지 말고 진정 필요한 시설이나 사안들은 긍정적으로 검토하는 자세와 사회적 인식이 조금씩 달라져야 할 것입니다. 이와 병행해서 정책집행을 위한 노력이 단기성에 그치지 않도록 지속적이고 발전적인 지원과 환경개선을 위한 아낌없는 투자만이 우리 사회가 발전할 수 있는 유일한 길입니다.

여러분은 어디에 속해 있습니까? 우리는 님비와 핌피의 현상 중 어느 것을 선호해야 합니까? 우리의 이웃과의 관계에서 우리 모두가 이기주의자가 되어서는 안됩니다. 대화를 하고 고민하고 뜻을 모아야 합니다. 우리는 어떤 공동체 생활이나 교회 안에서도 성숙한 신앙인의 모습을 보여야 하지 않겠습니까?

성경은 말씀합니다. "오직 너희는 그리스도 복음에 합당하게 생활하라 이는 내가 너희를 가보나 떠나 있으나 너희가 일심으로 서서 한 뜻으로 복음의 신앙을 위하여 협력하는 것과 아무 일에든지 대적하는 자를 인하여 두려워하지 아니하는 이 일을 듣고자 함이라 이것이 저희에게는 멸망의 빙거요 너희에게는 구원의 빙거니 이는 하나님께로부터 난 것이니라" (빌 1:27-28)

2001. 8. 5. 목회 편지

5 한 번의 연주를 위해 1,500회 연습을 한다는 데

우리는 얼마나 시간을 투자하고 있습니까? 얼마나 기도하고 있습니까? 얼마나 찾아보고 있습니까?

의 피아노의 대가 지그문트 탈베르크는 세계적인 명성을 얻고도 결코 연습을 게을리 하지 않았습니다. 어느날 대 음악회가 개최되는데 그에게도 출연해 달라는 요청이 들어왔습니다. "그 음악회는 언제 개최됩니까?" "다음 달 1일입니다." "그렇다면 저는 거절하겠습니다. 아무래도 그때까지는 연습을 할 수 없습니다." "연습이요? 선생님께서도 연습을 하십니까?" "이번에도 신곡을 연주하려고 생각하기 때문이지요." "그래도 3일 정도면 연습을 할 수 있지 않겠어요? 많은 음악가들을 알고 있지만 한번 하는 연주에 4일 이상 연습하는 사람은 없는 것 같은데 하물며 선생님 같은 대가는 연습이 필요 없지 않겠어요?" 그러자 그는 정색을 하며 말했습니다. "저는 신작발표회를 가지려면 적어도 1,500회의 연습을 하지 않으면 출연하지 않는 것을 원칙으로 합니다. 하루에 50회씩 연습하면 1개월은 걸리겠지요. 그때까지

기다려 주신다면 출연하겠습니다. 연습할 시간이 없으면 절대 출연할 수 없습니다."

우리는 영혼 구원을 위한 큰 잔치를 준비하고 있습니다. 온 성도들이 이 일에 동참해야 합니다. 이것은 주님의 명령이요, 주님이 기뻐하시는 일이므로 선택의 여지가 없습니다. 그런데 우리는 얼마나 시간을 투자하고 있습니까? 얼마나 기도하고 있습니까? 얼마나 찾아보고 있습니까? 연주를 위해 1,500회의 연습을 한다는데 천하보다 귀한 영혼을 구원하기 위해서 우리는 어떻게 해야 하겠습니까? 우리도 열심히 기도하면서 기도 가운데 그 영혼을 만납시다. 그리고 찾아봅시다. 그 영혼을 사랑합시다. 그리고 초청합시다. 이 일은 피아노 연습과는 비교할 수 없을만큼 귀한 일이 아닙니까?

사도 바울은 얼마나 많은 희생과 노력을 했습니까?

성경은 말씀합니다. "저희가 그리스도의 일꾼이냐 정신 없는 말을 하거니와 나도 더욱 그러하도다 내가 수고를 넘치도록 하고 옥에 갇히기도 더 많이 하고 매도 수없이 맞고 여러 번 죽을 뻔하였으니 유대인들에게 사십에 하나 감한 매를 다섯 번 맞았으며 세 번 태장으로 맞고 한 번 돌로 맞고 세 번 파선하는데 일 주야를 깊음에서 지냈으며 여러 번 여행에 강의 위험과 강도의 위험과 동족의 위험과 이방인의 위험과 시내의 위험과 광야의 위험과 바다의 위험과 거짓 형제 중의 위험을 당하고 또 수고하며 애쓰고 여러 번 자지 못하고 주리며 목마르고 여러 번 굶고 춥고 헐벗었노라 이외의 일은 고사하고 오히려 날마다 내 속에 눌리는 일이 있으니 곧 모든 교회를 위하여 염려하는 것이라 누가 약하면 내가 약하지 아니하며 누가 실족하게 되면 내가 애타하지 않더냐 내가 부득불 자랑할진대 나의 약한 것을 자랑하리라"(고후 11:23-30), "너는 말씀을 전파하라 때를 얻든지 못 얻든지 항상 힘쓰라 범사에 오래 참음과 가르침으로 경책하며 경계하며 권하라"(딤후 4:2)

2001. 9. 30. 목회 편지

언더우드 선교상 받은 김용만 선교사의 고백

생명을 연장해 주신 하나님의 뜻을 좇아 죽을 때까지 선교를 계속하겠습니다.

지난 22일 '제1회 언더우드 선교상'을 받은 김용만(68)씨는 지난 76년부터 브루나이와 말레이시아, 인도네시아 등 이슬람 국가에서 활동해 온 평신도 선교사입니다. 이들 지역의 밀림 속 원주민들에게 기독교를 전하는데 20여 년 동안 세월을 바쳤습니다. 연세대 언더우드 동상 앞에 선 김용만 선교사는 이렇게 고백했습니다. "생명을 연장해 주신 하나님의 뜻을 좇아 죽을 때까지 선교를 계속하겠습니다. '땅 끝까지 이르러 내 증인이 되라'는 예수님 말씀을 실천하려고 했을 뿐입니다. 험한 오지에서 더욱 고생하고 있는 선교사들도 많은데 제가 상을 받게 돼 송구스럽습니다."

그는 당초부터 선교사였던 것은 아닙니다. 서울대 농대를 졸업한 김씨는 의정부에서 농업에 종사하다가 1968년 브루나이로 농업 이민을 떠났습니다. 감리교 장로인 그는 1971년 한인 크리스천과 함께 교회를 설립하고 모국에서 목사를 초청했습니다. 김씨가 선교에 종사하게 된 것은 목사가 5년 임기를 마치고 돌아가며 그동안 일군 원주민 선교를 부탁하면서부터입니다. "처음에는 후임자가 올 때까지 두 달만 맡기로 했습니다. 그러나 이런 저런 이유로 후임자는 오지 않았고 결국 제가 계속하게 됐지요. 한동안 고민했지만 하나님의 뜻이라면 받아들여야 한다고 생각했습니다." 김씨는 농장 일은 부인에게 맡기고 선교사로 변신했습니다. 한번 밀림 속으로 들어가면 1-2주일 동안 머물며 의약품과 성경 찬송가를 나누어주면서 복음을 전했습니다. 이런 활동에는 그가 이민을 가기 전 3년 동안 농촌 선교를 하던 기독교 연합봉사회에서 일한 것이 도움이 되었습니다. 밀림 속을 다니다 보면 국경을 넘어 말레이시아까지 가는 경우도 많았습니다. 더위와 음식 때문에 고생해야 했을 뿐 아니라 두 나라가 선교를 허용하지 않아서 활동도 자유롭지는 않았습니다. "고립된 부락 생활을 하는 원주민들은 추장의 권한이 절대적이지요. 그래서 그를 집중적으로 전도해서 신자로 만드는 데 힘을 기울였습니다." 김용만 선교사는 브루나이와 말레이시아의 밀림 속에 교회 16개를 개척했고, 그 중 열두 곳의 건축을 지원했습니다. 이 기간 동안 그는 선교 비용을 스스로 부담하는 자비량 선교사였습니다. 김씨는 1994년 인도네시아로 활동 무대를 옮겼습니다. 인도네시아는 선교 활동이 가능했고, 또 이때부터는 강화도 소망교회로부터 후원을 받게 되어 사정이 좋아졌습니다. 이

곳에서도 그는 교회 4개를 개척하고 성경학교 두 곳의 건축을 지원했습니다.

2000년 8월 안식년을 맞아 귀국한 김씨는 위암 판정을 받았습니다. 선교 활동의 가장 큰 자산인 건강에 대해서는 자신했던 김씨로서는 뜻밖이었습니다. 다행히 수술은 성공적으로 끝나고 요양을 하면서 그동안의 경험을 토대로 '목회지침서'와 '종합농업실습서'를 펴냈습니다. 인도네시아로 다시 돌아갈 준비를 하고 있는 김용만 선교사는 "전 세계 곳곳에서 사명감과 열정으로 활동하면서 국위 선양에도 큰 역할을 하고 있는 1만 명에 가까운 한국 선교사들에게 좀 더 관심을 기울여줬으면 좋겠다."고 말했습니다.

우리 교회도 금번 전도축제 기간 동안에 성도들의 수고와 헌신, 기도와 봉사로 많은 사람들이 초청되어 복음을 들었습니다. 우리는 하나님께서 가장 기뻐하시는 일을 했습니다. 우리는 이 일을 결코 중단할 수 없습니다. "생명을 연장해 주신 하나님의 뜻을 좇아 죽을 때까지 선교를 계속하겠다."는 김 선교사의 고백을 새깁시다.

성경은 말씀합니다. "하나님 앞과 산 자와 죽은 자를 심판하실 그리스도 예수 앞에서 그의 나타나실 것과 그의 나라를 두고 엄히 명하노니 너는 말씀을 전파하라 때를 얻든지 못 얻든지 항상 힘쓰라 범사에 오래 참음과 가르침으로 경책하며 경계하며 권하라(딤후 4:1-2), "눈물을 흘리며 씨를 뿌리는 자는 기쁨으로 거두리로다 울며 씨를 뿌리러 나가는 자는 정녕 기쁨으로 그 단을 가지고 돌아오리로다"(시 126:5-6)

2001. 10. 28. 목회 편지

1 인간 승리 장애자 소년과 그 어머니

어머니는 아들이 출전할 때마다 "제발 아들이 완주하게 해달라."고 간절하게 기도해 왔습니다.

자폐증 소년이 어머니의 도움으로 정상인도 하기 힘든 마라톤 풀코스 42.195km를 완주했습니다. 대단한 일이 아닐 수 없습니다. 주인공은 올해 18세인 배형진 군으로 그의 풀코스 완주기록은 2시간 57분입니다. 그의 첫 소감은 "힘ー들ー지ー만ー 기ー분ー 좋ー아ー요." 였습니다. 지난 10월 21일 조선일보 춘천마라톤 42.195km를 완주하고 결승선을 통과한 2급 정신지체 장애인 배형진(18) 군은 가쁜 숨을 내쉬면서도 "기분 좋다."는 말을 반복했습니다.

어머니 박미경(43)씨는 아들을 부둥켜안았습니다. 이날 배군의 기록은 2시간 57분 07초였습니다. 일반 풀코스 참가자 10,153명 중 48위나 되는 좋은 성적입니다. 그동안 춘천마라톤에만 3회 연속 도전해 10km를 2회, 하프마라톤을 1회 완주했던 배군은 올해 네 번째 도전에서 마침내 풀코스를 완주했

습니다. 이 날의 기록은 지난 8월 첫 마라톤 풀코스 완주 때의 기록을 40여 분 단축한 것입니다.

배군은 네 살 때 자폐증 판정을 받았습니다. 이 병은 다른 사람과 교섭하기를 싫어하며 자기만의 세계에 틀어박히는 증상의 병입니다. 때없이 울음을 터뜨리며, 사람들을 멀리하고…. 배군은 초등학교에 입학했지만 3년을 채 버티지 못하고 자퇴했습니다. 다른 가족들이 배군의 앞날에 대해 절망했지만 어머니 박씨는 결코 포기하지 않았습니다. 그래서 어머니 박씨가 배군의 새로운 삶을 위해 택한 것이 운동이었습니다. 여러 가지 운동을 시켜보고 행동에 옮겼습니다. 줄넘기, 등산, 달리기, 수영, 축구 등 많은 운동을 가르쳐 보았습니다. 어머니의 속마음을 알지 못하는 이웃 사람들은 "불쌍한 아들을 너무 혹사시킨다."고 했지만, 어머니는 분명한 비전이 있었고 강한 의지가 있었습니다. 어머니는 "운동을 통해 정상인들과 어깨를 겨룰 수 있는 자신감을 얻을 수 있을 것"이라는 믿음으로 밀어붙였고, 드디어 그 효과가 나타나기 시작했습니다.

배군은 지난 98년 춘천마라톤 10km 구간 경기 후 각종 마라톤 대회에 13회 출전했지만 단 한 차례도 기권하지 않았습니다. 달리기를 하면서 배군의 생활은 밝아졌습니다. 말을 더듬는 것도 많이 고쳐졌고, 이해력과 적응력도 좋아졌습니다. 배군은 지난해 말부터 춘천마라톤 풀코스 완주를 목표로 훈

련에 돌입하여 미사리 조정경기장을 달렸고, 등산과 수영 등으로 하루 3-4시간 땀을 흘렸다고 합니다.

배군의 실력은 금번 호반의 도시 춘천 마라톤에서 나타나기 시작했습니다. 그는 레이스 초반부터 선두를 유지했습니다. 거리의 시민들에게 손을 흔들어 보이기도 하고, '파이팅'을 외치는 사람들에게 주먹을 불끈 쥐어 보이기도 했습니다. 30km를 지나면서 속도가 처지기도 했지만 이를 악물고 계속 달렸습니다. 드디어 그는 길고도 먼 코스를 통과하여 경기장 입구로 당당하게 뛰어들어왔습니다. 달려오는 장한 아들의 모습을 본 어머니 박씨는 흘러내리는 눈물을 주체할 수 없었습니다. 그의 아들은 씩씩했습니다. 정상인은 물론 마라톤 선수보다도 더 활기차게 보였습니다. 그는 인간승리를 한 것입니다. 아니 어머니 박씨의 인간 승리이기도 했습니다. 어머니는 아들이 출전할 때마다 "제발 아들이 완주하게 해달라."고 간절하게 기도해 왔습니다. 박씨는 "형진이에게 마라톤은 보통 사람과 같아질 수 있다는 간절한 희망이며, 그 희망이 오늘 결실을 이뤘다."며 또다시 환희의 눈물을 흘렸습니다.

배군과 그 어머니의 다음 목표는 철인 3종 경기입니다. 쉽게 절망하고 좌절하는 이 시대에 귀감이 되고 용기를 주는 그 아들과 그 어머니입니다. 우리에게는 아직 희망이 있습니다. 어려움을 이길 수 있는 용기도 있고 믿음도 있습니다.

성경은 말씀합니다. "우리가 이 보배를 질그릇에 가졌으니 이는 능력의 심히 큰 것이 하나님께 있고 우리에게 있지 아니함을 알게 하려 함이라 우리가 사방으로 우겨쌈을 당하여도 싸이지 아니하며 답답한 일을 당하여도 낙심하지 아니하며 핍박을 받아도 버린 바 되지 아니하며 거꾸러뜨림을 당하여도 망하지 아니하고"(고후 4:7-9)

2001. 11. 4. 목회 편지

아프간 여자들의 불행

"남편 된 자들아 이와 같이 지식을 따라 너희 아내와 동거하고 저는
더 연약한 그릇이요 또 생명의 은혜를 유업으로 함께 받을 자로 알아
귀히 여기라 이는 너희 기도가 막히지 아니하게 하려 함이라"(벧전 3:7)

"의 여성들은 지금 탈레반 정권의 매질과 미군 폭격이란 이중고에 시달리고 있습니다." 아프간 여성혁명동맹(RAWA)의 여전사 마리암 라위(26)의 말입니다. 그녀는 여자에겐 천형의 땅인 아프간에서 딸만 다섯인 집안의 막내로 태어났습니다. 1983년 소련군과의 전투에서 아버지가 사망, 이듬해 파키스탄 퀘타로의 피난, 굶주림과 차별대우 속의 난민 캠프생활 10여 년…. 이미 세계적인 명성를 얻고 있는 RAWA는 아프간 탈레반 정부와 파키스탄 근본주의 단체들에게는 눈에 든 가시와 같은 존재로 언제 어떤 테러를 당할지 모릅니다. 그녀는 "아프간 여성들은 외출할 때 온몸을 부르카(눈까지 망사처리를 한 아프간 여성의 옷)로 감싸지 않으면 총살형을 당하기도 했습니다. 지금도 아프간 여자들은 집안의 가축보다 대접을 받지 못하는 하찮은 존재입니다."라고 주장합니다.

그녀는 퀘타의 난민 여학교를 졸업하던 해인 92년에 이와 같은 불합리에 정면으로 맞설 것을 결심했습니다. 17세의 나이로 RAWA의 어린 전사가 된 것입니다. 지난 월말 이란의 수도 테헤란에서 이슬람권 여자체전이 열렸습니다. 아프간 여자 선수 48명이 참가한 개회식에는 많은 나라 선수들이 검은 복장에 촛불을 들고 입장하는가 하면, 개막 행사 도중 스타디움의 모든 불을 끔으로써 고통받고 있는 아프간 주민들을 애도하기도 했습니다. 서구화, 산업화, 국제화로 오염된 이슬람을 순수 원전으로 되돌린다는 원리주의 탈레반 지배 하에서 여자 스포츠는 금지되고 있습니다. 육체를 노출하고 활발하게 움직이는 스포츠는 여성의 여성다운 부위, 곧 매력을 유발하는 신체부위는 감추어 남성을 자극하지 않도록 하라는 가르침에 위배되기 때문입니다. "여자 신도들에게 가서 일러라. 눈매를 아래로 깔고 정조를 지키며 밖으로 나타나는 부위 이외에는 아름다움이 눈에 띄지 않도록 하여라. 얼굴을 가리는 베일은 가슴팍까지 덮도록 하여라. 남편이나 아버지 이외에는 그 아름다움을 보여서는 안 된다."는 코란 24장 31절의 원리 준수가 아프간 여성으로부터 스포츠를 소외시킨 것입니다.

물론 라바니 전 정권시절에는 카불 번화가에 스커트에 하이힐 신고 쇼핑하는 멋쟁이 여성이 적지 않았고 올림픽의 여자 선수 차림도 여느 다른 서구국가와 다르지 않았습니다. 그런데 96년 9월 탈레반 병사가 점령하면서부터 얼굴을 개방하고 다리를 노출하는 여성들은 총머리로 쳐몰고 가서 온 몸을 씌워 가리는 부르카를 강제로 입혔습니다. 연애가 들통나면 처형을 당하고 소문만 나도 아버지가 딸을 죽여 명예를 지키는 사례도 있었습니다. 물론 여성의 취업과 교육도 금지시켰습니다. 지루한 내전으로 남편을 잃은 모자 가정에서는 수입줄이 끊어져 부르카를 둘러쓰고 빌어먹고자 거리에 쏟아져 나왔고, 좀 산다는 집에서는 은밀히 돈을 추렴해서 「숨은 학교」를 영위한다고 합니다. 텔레비전이나 라디오도 모조리 압수해 갔고 음악을 들어도 고발되어 잡혀갑니다. 여자의 운전은 물론 탑승도 금지하며 여자를 차에 태워준 운전기사도 구속합니다. 남녀 할 것 없이 몸을 공개장소에서 드러내서는 안 된다는 율법에 따라 공중 목욕탕도 폐쇄했습니다.

이런 여성 지옥에서 탈레반 몰래 선수들을 취합해 여성체전에 참가한 용기가 눈물겹습니다. 스포츠를 겨루고자 온 것이 아니라 아프간 여성의 위상을 고발하기 위해 왔다는 말에서 더욱 그러합니다. 아프가니스탄은 한마디로 여자의 인권이란 말은 사치스러운 단어입니다. 아직도 지구상에 이런 불쌍한 여인들이 살아가고 있다는 것 자체가 신비롭습니다. 그러면서 이슬람은 서구 나라에 대하여 불만을 토로하며 자기들의 테러행위를 정당화하고 있습니다. 바로 자기가 하는 것은 로맨스요, 다른 사람이 하면 스캔들입니다.

성경은 말씀합니다. "남편 된 자들아 이와 같이 지식을 따라 너희 아내와 동거하고 저는 더 연약한 그릇이요 또 생명의 은혜를 유업으로 함께 받을 자로 알아 귀히 여기라 이는 너희 기도가 막히지 아니하게 하려 함이라"(벧전 3:7)

2001. 11. 11. 목회 편지

9. 한국 입양아를 키운 美 파이크 부부

이제 우리의 아이들을 외국으로 보내는 일은 없어져야 합니다. 오히려 우리가 외국의 아이들을 입양하는 나라로 바뀌어야 하지 않겠습니까?

최근 '한국 리더십 센터' 초청으로 남편 밥 파이크(Bob Pike·54)씨와 앤디씨가 한국을 방문했습니다. 그들에게 이번 한국 여행의 의미는 남다릅니다. 자녀 6명 가운데 니콜(여·29), 윌리엄(남·26), 소머(여·25) 등 세 명이나 한국에서 입양했기 때문입니다. "오, 김치! 제가 가장 좋아하는 김치는 오이소박이입니다." 미국인 앤디 파이크(Andi Pike·54)씨는 만찬 음식에 나온 김치를 보고 아주 반가워했습니다. 앤디씨는 가정이 없는 아이들의 부모 역할을 해 주고 싶어서 태국 출신을 포함해 4명을 입양했습니다. 입양아들에게 특히 뿌리에 대한 정체성을 잃지 않게 하려고 애썼습니다. 많지 않은 한국교포들을 찾아가 한국 음식 만드는 법을 배웠습니다. 시집과 동화책을 구해 영어 번역을 맡겼고, 장난감 회사에 동양인 인형 제조도 부탁했습니다. 그녀는 "아이를 입양하면 문화까지 같이 받아들이는 것이기 때문"이라고 말했

습니다. 덕분에 앤디씨가 양육한 3명의 한국 입양아는 모두 훌륭하게 성장했습니다. 니콜은 영국에서 심리학을 전공하고 있으며, 윌리엄은 태권도 사범입니다. 소머는 여행사에 근무 중이라고 합니다. 모두 소중한 자녀들이지만, 특히 윌리엄은 앤디의 모정을 가장 자극했습니다. 시각 장애가 있었지만 미국에 오자마자 개안 수술을 받았고, 몇 차례 대수술 끝에 마침내 시력을 되찾았습니다. 앤디씨는 지난 99년 새로운 교육기법인 '창의적인 교수법'의 창시자이자, 인력관리 컨설턴트로 유명한 밥 파이크씨와 재혼했습니다. 남편 밥의 친자 6명을 포함해서 자녀들은 모두 12명입니다. 밥씨는 "결혼 전에 아내로부터 입양아 얘기를 많이 들었다."며 "지금은 손자들을 손꼽아 기다리고 있다."고 말하며 웃음을 지었습니다.

입양하면 떠오르는 것이 바로 홀트 아동복지회입니다. 한국전쟁 직후인 1955년 미국인 홀트씨 부부가 12명을 입양 알선하면서 그 활동이 시작되었습니다. 그 후 45년이 지난 지금까지 서울 본부와 11개 지방아동상담소, 일산복지타운, 홀트학교, 전주영아원, 대구·부산 종합사회복지관, 서울 두 곳과 수원에서 어린이집을 운영하고 있으며, 입양프로그램, 장애인복지, 가족 및 지역사회 복지 등 시대적 변화에 따라 다양한 복지프로그램을 운영하는 전문적인 사회복지 기관이 되었습니다. 홀트 복지 이념은 "첫째, 가정이 필요한 아동에게 가정을 찾아준다. 둘째, 기독교 정신에 입각한 사랑을 실천한다.

셋째, 인종, 성별, 신체적인 특성에 차별이 없는 아동권리를 보장한다. 넷째, 한국사회복지의 균형적인 발전을 위해 노력한다. 다섯째, 해외 입양동포 문화공동체 형성에 노력한다." 입니다.

이제 우리의 아이들을 외국으로 보내는 일은 없어져야 합니다. 오히려 우리가 외국의 아이들을 입양하는 나라로 바뀌어야 하지 않겠습니까? 그리고 우리의 마음은 더 넓어져야겠습니다. 내 것만 챙기지 말고 남을 배려하고 베푸는 삶을 살아야 하지 않겠습니까?

성경은 말씀합니다. "그의 형제를 사랑하는 자는 빛 가운데 거하여 자기 속에 거리낌이 없으나 그의 형제를 미워하는 자는 어두운 가운데 있고 또 어두운 가운데 행하며 갈 곳을 알지 못하나니 이는 어두움이 그의 눈을 멀게 하였음이니라"(요일 2:10-11)

2001. 11. 25. 목회 편지

10 인간 승리의 '커크 더글러스 고등학교'

입시생들과 부모들에게 가장 필요한 말은 "용기를 가져라", "희망을 잃지 말라", 그리고 "멀리 내다 보라", 그리고 "위를 바라보고 올라가라"는 말이 아니겠습니까?

영화를 좋아했던 올드 팬들 중에 움푹 팬 턱으로 유명한 커크 더글러스를 모르는 분은 없을 것입니다. 스탠리 큐브릭 감독의 '스파르타쿠스'와 '영광의 길', 존 스터지스 감독의 'OK 목장의 결투' 등 주로 전쟁영화와 서부영화에 출연하여, 운명에 과감히 맞서는 선 굵은 인물을 연기해 온 그는 실제로도 그렇게 살았습니다. 1916년 미국 뉴욕주의 암스테르담에서 태어난 그는 본명이 이슈르 다니엘로비치 뎀스키입니다. 부모는 1912년 러시아에서 이민 온 노동자로 문맹이었습니다. 88년에 출간된 자서전의 제목처럼 그는 '넝마주이의 아들'이었습니다. 빈한한 살림 때문에 교육도 제대로 받지 못했습니다. 그러나 장학금으로 들어간 연기학교에서 피나는 배우훈련을 하며 가난에서 벗어나려는 험난한 질주를 시작합니다. 이미 57년에 '영광의 길'의 출연료로 당시 최고 수준인 35만 달러를 받았으니 돈은 벌만큼 벌었을 것입니다.

80년대에 일본의 한 광고에서 '커피'라고 한마디 말하는 대가로 5만 달러를 받아 화제가 되기도 했습니다. 81년 영화에 대한 공로로 대통령 자유메달을 받았고, 99년에는 미국영화협회, 올 2월에는 베를린 영화제에서 '평생 공로상'을 수상했으니 명예 또한 높습니다.

그가 이제 팔순의 나이가 되었는데 이 노배우 커크 더글러스가 2001년 2월이 되면 촬영에 들어갈 가족 코미디 영화에 아들 마이클과 손자 캐머론과 함께 출연한다고 합니다. 영화 팬들은 스타 3대를 한 작품에서 만나는 즐거움을 누리게 됐습니다. 누구보다 감격스러워할 사람은 평소 가족의 소중함을 강조해 온 커크 더글러스 본인일 것입니다. 그는 유명인입니다. 왜냐하면 자신의 이름을 인용한 고등학교가 세워졌기 때문입니다. 가정 형편이 어려워 일반 고교에 다니기 어려운 학생들을 무료로 가르치는 캘리포니아주 샌퍼낸도 밸리의 '웨스트 그래나다 고교'가 2000년 5월에 '커크 더글러스 고교'로 개명하게 되었기 때문입니다. 어린 시절에 배우지 못한 것이 가슴에 걸렸던 그가 이 학교를 찾아가 2만 5천 달러를 기부하자 학교 이사회에서 보답의 뜻으로 개명을 결정한 것입니다. 그는 이 학교를 찾아 학생들에게 "나도 여러분처럼 고생도, 실수도 많이 하며 자랐다."고 말하며 격려했습니다. 또한 그는 몇 해 전에 했던 한 인터뷰에서 이런 말을 했습니다. "나는 지독히 가난한 집안에서 태어났다. 위로 올라가는 것 외에는 그 곳에서 빠져나갈 방법이 없었다." 가진 것이 없어 세상이 원망스러운 젊은이들이 귀기울일 만한 소리입니다. 어려운 시절, 낙심하기 쉬운 계절에 커크 더글러스의 인간 승리는 우리에게 특히 젊은이들에게 용기를 줍니다. 특히 입시생들과 부모들에게 가장 필요한 말은 "용기를 가져라", "희망을 잃지 말라", 그리고 "멀리 내다 보라", 그리고 "위를 바라보고 올라가라"는 말이 아니겠습니까?

성경은 말씀합니다. "형제들아 나는 아직 내가 잡은 줄로 여기지 아니하고 오직 한 일 즉 뒤에 있는 것은 잊어버리고 앞에 있는 것을 잡으려고 푯대를 향하여 그리스도 예수 안에서 하나님이 위에서 부르신 부름의 상을 위하여 좇아가노라"(빌 3:13-14)

2001. 12. 16. 목회 편지

어느 룸살롱의 크리스마스

그들은 하나님의 임재를 느꼈습니다. 하나님께서 죄인들을 가슴에 안는 순간이었습니다.

어느 전도자의 고백을 소개합니다. 그는 강남에 있는 한 룸살롱의 웨이터로 위장취업을 하여 '우물가'(유흥가 선교)를 시작하면서 술집에서 웨이터로 일하게 되었습니다. 자기들의 세계와는 다른 어떤 분위기가 느껴져 은연중에 경계하고 있는 그들과 친해지기 위해 최대한 애를 썼습니다. 손님이 없는 무료한 초저녁 시간을 메우기 위해 동료 웨이터들과 함께 동전 따먹기 놀이를 하거나, 아가씨(호스티스) 대기실에 들어가 고스톱을 치거나, 웨이터 보조(룸살롱의 룸서비스 맨)들의 일을 도와 룸을 청소하기도 했습니다. 또 성냥과 담배를 준비해 가지고 로비에 나와 앉아 있다가 담배를 찾는 아가씨들이 있으면 불을 붙여 주었고, 짓궂은 손님들의 잔인한 요구(?)를 견디다 못해 수치로 얼굴이 엉망이 되어 로비로 뛰어나와 울음을 터뜨리면 어깨를 토닥이며 위로를 해 주기도 했습니다. 그리고 어떤 날은 일을 끝내고 나이든 마담들과 함께 포장마차에 앉아 그들의 푸념을 아침까지 들어주기도 했습니다. 그들이 가지고 있는 마음속 깊은 내면의 비밀이나 고통에 대해서 들을 수 있었습니다. 그들의 세계를 점점 깊이 이해할 수 있었고, 예수님께서 낮고 천한 사람들에게 바리새인들보다 관대하게 대했던 이유를 가슴으로 깨닫게 되었습니다.

크리스마스 이브가 되었습니다. 24일은 다른 날보다도 손님이 많았습니다. 8시가 채 되기도 전에 여덟 개의 룸은 다 찼고, 단골 손님들조차도 돌아가야 했습니다. 선물과 케익을 준비하고 생일 초대장을 만들었습니다. 모든 웨이터와 호스테스들에게 생일 축하파티에 참석해 줄 것을 부탁했습니다. 누구의 생일파티냐고 물었지만 웃어만 주었습니다. 밤은 점점 깊어졌습니다. 술좌석은 달아올랐습니다. 그리고 '루돌프 사슴코'와 같은 캐롤송이, 심지어는 '고요한 밤 거룩한 밤'이 가요처럼 연주되기도 했습니다. 그들은 크리스마스 노래에 맞추어 고함을 쳤고, 술을 마셨고, 온갖 음담패설과 음란한 행위를 즐겼습니다. 술과 음란과 욕설과 거룩한 캐롤송, 그것이 세상이었습니다. 마침내 열두 시가 넘었고 셔터가 내려지자 손님들은 아가씨를 끼고 여관으로 갔습니다.

웨이터들과 짝짓기에 참여하지 못한 아가씨들은 대충 정리를 끝내고 B룸으로 모였습니다. 2시 30분에 남은 열일곱 명은 전등을 끄고 케익에 불을 붙였습니다. 분위기는 조금 산만했습니다. 마담이 누구의 생일이냐고 질문했습니다. 그는 조용히 입을 열어 차근차근 위대한 그분의 생일에 관해 설명하기 시작했습니다. 그분이 누구며 그분이 왜 이 땅에 오셨는지를 말해 주었습니다. 또 그분이 이 땅에 사는 동안 누구에게 관심을 가지셨고 어떻게 사셨는지도 말해 주었습니다. 산만했던 분위기는 숙연해졌고 그들은 조용히 머리를 숙였습니다. 부유함으로 거만했던 자들의 친구가 아니라, 가난하고 외롭고 비틀거리는 상한 마음들을 눈물로 어루만져 주었던 단아한 그의 사랑은 지금 듣고있는 그들의 심정을 가장 잘 덮어주고 있었습니다. 누군가가 손수건을 내어 눈물을 닦았고 마침내는 여기저기서 눈물을 찍어내는 모습들을 볼 수 있었습니다. 그들은 하나님의 임재를 느꼈습니다. 하나님께서 죄인들을 가슴에 안는 순간이었습니다. 가장 음란하고 추악한 일에 쓰임 받던 그들이, 그리고 그 공간이 가장 거룩하게 드려지는 순간이었습니다. 그날 '고요한 밤 거룩한 밤'을 가슴이 미어지도록 소리쳐 불렀습니다.

그날 이후에 예수님에 대해 좀더 알려달라는 요구를 받게 되었고, 그 룸살롱에서는 아주 자연스럽게 매주 성경공부모임이 열리게 되었습니다. 많은 사람들이 그 모임을 통해 하나님께로 돌아왔습니다. 그리고 그 성경공부모임을 2년 만에 끝을 보게 되었는데 이유는, 그 룸살롱의 주인이 신앙을 이유로 전업을 했기 때문이었습니다. 머지않아 크리스마스가 됩니다. 이번 크리스마스에는 자신에게 다시 한번 예수님께서 왜 이 땅에 오셨는지, 아기 예수님이 계신 마굿간은 어디인지, 그리고 어떻게 사셨는지 물어보시기 바랍니다.

성경은 말씀합니다. "인자의 온 것은 섬김을 받으려 함이 아니라 도리어 섬기려 하고 자기 목숨을 많은 사람의 대속물로 주려 함이니라"(마 20:28)

2001. 12. 23. 목회 편지

12 미국 유태인 사회의 성공비결

하나님 중심으로 살아가는 것을 어린 시절부터 부모에 의해서 철저하게 배운 그들이 바로 세계에 커다란 영향력을 미치는 성공적인 삶을 살아가는 비결입니다.

미국을 움직이는 힘을 가진 사람들은 유태인입니다. 미국 내 이민사회 중 가장 영향력이 큰 유태인 인구는 현재 약 500만 명에 달합니다. 미국을 움직이며 전 세계에 영향력을 미치고 있는 그들의 성공비결이 무엇입니까? 세계 인구의 0.3%의 이스라엘 민족(유태인)이 전체 노벨상의 30%를 차지한 비결은 과연 무엇입니까?

데이비드 번스틴(David Bernstein) 미국유태인협회(AJC) 워싱턴 지부 국장이 말하는 유태인 이민사회의 성공 비결 다섯 가지는 다음과 같습니다.

①미국이 '기회의 땅'이라는 점을 잊지 않습니다.
이민자들이 건설한 나라 미국은 누구에게나 기회와 도전의 땅입니다. 미국 땅에서 희생자가 아니라 주인으로서, 미국

을 '조국'으로 만들겠다는 마음으로 살아갑니다.

②정치감각을 키웁니다.

유태인들의 이익이 반영되도록 하기 위해서는 미국의 정치과정을 철저하게 이해해야 합니다. 가장 좋은 방법은 정치에 직접 참여하는 것입니다. 유태인 공동체는 유태인들의 정치참여를 적극 장려하고 지원합니다.

③기부금을 의무화합니다.

유태인 전통을 유지하기 위한 교육, 미국의 친이스라엘 정책, 이민자들에게 유리한 정책수립 지원에 필요한 기금 모금에 적극 나섭니다. 미국의 유태인연합은 연간 수십 억 달러의 기부금을 모금하고, AJC는 지난해 미국 전역에서 3,300만 달러를 모금했습니다.

④교육을 통해 종교와 전통을 전수합니다.

미국에는 800여 개의 유태인 학교와 4,000여 개의 유태인 회당(synagogue)이 있습니다. 대학에 유태인 지도자 양성 프로그램을 개설해 차세대 지도자를 키우고, 유태인들이 미국에 동화되더라도 고유의 전통을 잃지 않도록 교육합니다.

⑤유태인 사회를 정치세력화 합니다.

이민정책, 대이스라엘 정책에 관한 이슈가 있을 때에는 지역구 정치인들에게 지지와 반대의사를 밝히는 이메일과 서신 등을 적극적으로 보냅니다. 이 숫자가 1,000-3,000명 단위에 이르면 영향력을 발휘할 수 있습니다. 또한 유태인에게 유리한 입장을 가진 정치인들은 유태인이 아니더라도 적극 지원하고 기부금을 냅니다.

스탠포드 대학 심리학자 젠센은 유대민족의 지적 능력이 다른 민족에 비해 우수한 것은 아니라고 밝혔습니다. 유태인의 성공 비결은 다름이 아닌 숱한 고난 속에서도 지킨 신앙교육입니다. 유대인들에게는 가정 신앙교육의 장(場)이며 부모는 신앙교육의 교사입니다. 유대인들의 교육의 가장 두드러진 특징은 신앙을 통해서 하나가 되는 것입니다. 유대인에게 있어 가정교육은 결국 신앙의 문제이지 지식이나 직업을 위한 것이 아닙니다. 부모는 자녀 스스로 하나님을 알기 위해 기도하고 성경을 공부하고 싶도록 환경을 만들어줄 책임이 있습니다. 아버지 어머니가 함께 성경을 읽고 연구하는 것, 무릎 꿇고 앉아 기도하는 것 등을 보며 자녀들은 무의식중에 믿음을 배우게 됩니다. 또 글을 배우기 전부터 수많은 성경이야기를 들려줌으로써 하나님을 향한 신뢰와 신앙을 갖게 합니다. 유대인의 가정교육에서 특히 중요한 역할을 하는 사람은 어머니입니다. 유대인은 철저하게 하나님 중심, 회당 중심, 랍비 중심으로 살아갑니다. 첫째, 하나님 중심은 '나는 아무 것도 아니다. 나 없이 하나님은 있지만 하나님 없이 나는 없다. 나는 하나님이 사용하는 도구이다'라는 것이며, 둘째, 회당 중심은 이사할 때 회당에 걸어서 갈 거리에 있는가가 우선 순위가 되는 것이며, 셋째, 랍비 중심은 자녀, 교육, 결혼, 이사, 사업 등 모든 문제를 랍비와 상담을 통하여 결정하는 것입니다. 유대인이 경영하는 공장에는 랍비가 고용되어 있어 상담자의 역할을 합니다. 랍비는 하나님의 말씀을 가르쳐 주는 영적인 리더입니다.

하나님 중심으로 살아가는 것을 어린 시절부터 부모에 의해서 철저하게 배운 그들이 바로 세계에 커다란 영향력을 미치는 성공적인 삶을 살아가는 비결입니다.

성경은 말씀합니다. "이스라엘아 들으라 우리 하나님 여호와는 오직 하나인 여호와시니 너는 마음을 다하고 성품을 다하고 힘을 다하여 네 하나님 여호와를 사랑하라"(신 6:4-5)

2002. 1. 24. 목회 편지

13. 마음으로 악보를 읽은 인간 승리

우리 모두에게 많은 것을 생각나게 하는 인간 승리의 스토리가 우리가 살고 있는 이웃에서도 지금도 일어나고 있으며 앞으로도 계속될 것입니다.

"가슴을 여니 악보도 희망도 모두 보였어요." 의지로 밝힌 암흑 속의 피아니스트가 '꿈'을 이루었습니다. 22일 경성대 신학대학 교회음악과를 졸업한 양정화(27·여·부산 사하구 장림동)씨는 인간 승리의 주인공으로 많은 사람들을 감동시키고 있습니다. 피아노를 전공한 그녀는 정작 악보를 보지 못합니다. 아니 볼 수 없습니다. "피아노 선율이 울려 퍼지면 온 몸이 음악 속으로 빨려드는 것 같다."는 양씨는 캄캄한 눈앞에 그려지는 악보를 마음으로 읽어가며 건반 위로 손가락을 놀립니다. 양씨의 대학 성적은 3.94점(4.5점 만점)으로 매우 우수합니다.

양씨는 어린 시절 교통사고를 당한 후유증으로 초등학교 4학년 때 갑자기 시력을 잃어 2급 시각장애인이 되었습니다. 눈앞에 사물이 있는지 없는지 정도만 겨우 식별할 수 있습니다. 피아노를 배우다가 시각장애로 더 이상 피아노를 칠 수 없어 심한 상실감에 빠졌던 양씨는 여고시절 교내 학예회 연주회에서 친구가 치는 피아노 소리를 듣고 참을 수 없는 욕구를 느껴 부모를 졸라 피아노를 다시 시작했습니다. 그러나 악보를 볼 수 없는 양씨를 가르치겠다고 나서는 사람은 없었고, 몇 달간 수소문 한 끝에 지금까지도 양씨에게 직접 악보를 읽어주고 있는 집 부근 한영음악학원 원장 한은영(47·여)씨를 만나게 됐습니다. 양씨를 10여 년 동안 줄곧 가르쳐 온 한씨는 "힘들고 어려울 때가 한두 번이 아니었지만 어느 때부턴가 독하게 연습하는 정화가 힘들어할 때에는 오히려 내 마음이 더 아파 제자라기보다 딸처럼 여겨졌다."고 말했습니다.

전문대학 음악학과에 진학해 피아노를 전공한 양씨는 졸업 후 피아노를 계속 치고 싶은 욕구 하나만으로 지난 99년 경성대 2학년에 편입했습니다. "전문대 졸업 후 연주회를 가거나 CD로 음악을 들을 때면 피아노를 치고 싶어 견딜 수가 없었어요." 눈도 거의 보이지 않는 양씨가 정상인 학생들과 겨루기 위해서는 특별한 노력이 필요했습니다. 학교에서 들은 강의를 몸에 익히기 위해, 한씨의 학원을 찾아가 매일같이 밤 12시까지 읽어주는 악보를 들으며 연습하다가 한씨가 퇴근한 뒤에는 새벽 2시까지 손가락이 닳도록 혼자 연습했습니다. 강의 때에는 같은 과 단짝인 윤사라(25·여)씨가 대신 기록해 주는 노트를 집으로 가져가서 부모님이 8절지에 큰 글씨로 옮

겨주면 그 큰 종이를 코에 닿을 정도로 들이대면 겨우 나타나는 글씨의 윤곽을 읽어가며 공부를 했습니다. 시험 기간이면 한 열흘 간은 하루에 잠을 2-3시간 정도만 잤고, 그는 정상인 친구들과 경쟁하기 위해 훨씬 더 노력하는 것은 당연하다고 생각했습니다.

양씨는 피아노를 중단하기 싫어서 대학원 음악학과에 합격했지만 집안 사정으로 등록을 포기한 뒤 펑펑 울었다고 합니다. 그러나 그는 평생 피아노와 함께 할 수 있는 일을 찾기 위해 혼자서라도 공부를 게을리 하지 않겠다는 굳은 의지를 밝혔습니다. 우리 모두에게 많은 것을 생각나게 하는 인간 승리의 스토리가 우리가 살고 있는 이웃에서도 지금도 일어나고 있으며 앞으로도 계속될 것입니다. 참된 보람과 성취는 어려움을 극복하고 얻는 것이 아니겠습니까?

성경은 말씀합니다. "여호와여 주의 이름을 아는 자는 주를 의지하오리니 이는 주를 찾는 자들을 버리지 아니하심이니이다"(시 9:10)

2002. 2. 24. 목회편지

14. 아카데미 남우 주연상을 받은 덴젤 와싱턴의 고백

우리는 어느 분야에서 일을 하든지 하나님의 영광을 위하여 일하는 사람이 될 수 있습니다. 우리도 그렇게 살아야 합니다. 세상의 빛이 되고 소금이 되어야 합니다.

"은 위대하다. 진심으로 하나님께 감사한다." 이것이 아카데미 주연상을 받은 덴젤 와싱턴의 첫 고백입니다. 목사의 아들로 신실한 가정 생활을 한 그로서는 당연한 말처럼 보여지지만 결코 쉬운 일은 아닙니다. 그래서 가치가 있고 귀하게 보입니다. 24일 저녁 로스앤젤레스 코닥 극장에서 5시간 가까이 진행된 제74회 아카데미 시상식에서 마지막 '깜짝쇼'는 사상 최초로 흑인 배우들에게 남녀주연상을 안겨주는 것으로 이뤄졌습니다. 영화상 사상 최초로 남녀 주연상을 할 베리(몬스터볼)와 덴절 워싱턴(트레이닝 데이) 등 흑인배우들이 동시에 차지한 것입니다.

인상적인 것은 여우주연상을 받은 할 베리는 "오, 마이 갓!" "오, 마이 갓!" 하며 감격의 눈물을 흘리며 한동안 말을 못하는 장면이었습니다. 흑인 여배우로는 사상 처음으로 아카데미 주연상을 차지한 할 베리는 오스카를 움켜쥔 채 한동안 말을 잇지 못할 수밖에 없지 않았겠습니까? '몬스터스 볼'에서 남편이 사형 당한 뒤 아들마저 잃은 엄마 역할을 열연했던 베리는 "앞서간 많은 공로의 여인들을 위한 순간"이라고 울먹이는가 하면, 스파이크 리 감독 등 주요 흑인 영화인들에게 공을 돌린 뒤 '74년만이다! 74년!' 하며 소리치기도 했습니다. 올해 아카데미 위원회는 인종문제에 관해서 '혁명적'인 결정을 내린 것으로 봅니다.

여우주연상에 이어 발표된 남우주연상 수상자는 덴젤 워싱턴입니다. 수상자 이름이 발표되자 탄성이 터졌습니다. 이번 수상작인 안톤 푸쿠아 감독의 '트레이닝 데이'(Training Day)에서 그는 그동안의 지적인 이미지를 벗어나 타락한 형사역으로 변신했습니다. 스캔들 없이 20여 년의 결혼 생활 동안 5명의 아이를 둔 그는 "학창 시절 세계 최고의 배우가 되고 싶다고 했더니 학생들이 비웃었다. 하지만 나는 최선을 다했고 꿈을 이뤘다. 하나님은 위대하다. 진심으로 하나님께 감사한다."고 말했습니다. 그는 "항상 시드니 포이티어를 뒤쫓았는데 함께 상을 받았다."고 이날 공로상을 수상한 포이티어에게 경의를 표했습니다.

보수적이기로 이름난 아카데미 74년 사상 흑인 배우가 상을 받은 것은 손꼽을 정도입니다. 1939년 '바람과 함께 사라지다'에서 뚱보 유모역을 맡은 헤티 맥대니얼이 처음으로 여

우조연상을 받은 이래 시드니 포이티어가 63년 '들의 백합' 으로 첫 주연상을 기록했습니다. 74회 아카데미 시상을 앞두고 가장 관심을 끌었던 것은 '뷰티풀 마인드'와 '반지의 제왕'의 각축이었습니다. 그러나 뚜껑을 연 결과, 역시 아카데미는 '팬터지'보다는 '현실'을, 그리고 그 현실을 극복한 '영웅'의 손을 들어준 것으로 드러났습니다. 흑인 배우들에 대한 시상으로 '인종 차별'이란 벽을 넘어서려는 모습을 보여줬지만, 내용과 형식의 급진성을 거부해 온 정치적 성격은 하루아침에 바뀌지 않는다는 것을 다시 한번 확인시킨 셈입니다.

우리는 어느 분야에서 일을 하든지 하나님의 영광을 위하여 일하는 사람이 될 수 있습니다. 우리도 그렇게 살아야 합니다. 세상의 빛이 되고 소금이 되어야 합니다. 하나님은 우리에게 문화적 사명을 주셨습니다. "하나님이 그들에게 복을 주시며 그들에게 이르시되 생육하고 번성하여 땅에 충만하라, 땅을 정복하라, 바다의 고기와 공중의 새와 땅에 움직이는 모든 생물을 다스리라 하시니라"(창 1:28).

예수님의 가르침입니다. "너희는 먼저 그의 나라와 그의 의를 구하라 그리하면 이 모든 것을 너희에게 더하시리라"(마 6:33)

2002. 3. 31. 목회편지

장로 9명 나온 집안

나는 어떤 직분을 받았습니까? 감사하고 있습니까? 그리고 그 직분을 어떻게 감당하고 있습니까? 그런데 지금 나는 어느 자리에 서 있습니까? 직분을 사모하고 있습니까?

한 집안 3대에서 장로 9명이 나왔습니다. 아버지와 본인은 물론 두 아들, 그리고 5명의 사위까지 장로로서 하나님의 은혜가 충만한 집안이 있어 화제가 되고 있습니다. 주인공은 김제 봉월교회 양준섭씨 가정입니다. 전북 김제시 월봉동에 사는 양준섭 장로(85) 집에서는 늘 찬송이 끊이지 않습니다. 3남 7녀의 자녀들을 모두 출가시키고 부인 강정례(83)씨와 단 둘이 살고 있지만 그는 늘 하나님의 품안에서 살고 있습니다. 증손자들까지 직계 자손만 60명이 넘는 그의 가족은 모두 독실한 신앙인들입니다.

양 장로는 34세이던 1951년 고향인 김제 봉월교회에서 장로 장립을 받아 지난해 장로 봉직 50주년 기념식도 가졌습니다. 1951년 지병으로 돌아가신 부친 양만관씨는 30세 때인 1918년 예수를 구주로 영접하는 축복을 받은 뒤 김제 신용교회에서 1939년 장로가 되었습니다. 그는 이렇게 말합니다. "아버지의 영향이 컸습니다. 어릴 적부터 자연스레 예수님의 말씀을 따르려 했지요. 그 때문에 자식들도 모두 독실한 신앙을 갖게 됐습니다." 양 장로의 둘째 아들 영환(52 · 화원 운영)씨와 셋째 아들 요환(50 · 태권도장 운영)씨 또한 각각 지난 84년과 80년 출석교회에서 장로로 세움 받았습니다. 그러나 그는 안수집사인 큰아들 영(60 · 약사)씨를 목회자로 만들지 못한 것이 못내 아쉽다며 손자들 가운데 훌륭한 목사가 탄생하길 하나님께 간구하고 있다고 말했습니다.

수십 년째 매일 새벽 2-3시에 일어나 2시간씩 새벽기도를 해오며 아직도 60대 같은 건강을 유지하고 있는 양 장로는 온 가족이 늘 하나님께 감사하고 하나님의 말씀에 따라 열심히 생활하길 바랄 뿐이라고 덧붙였습니다. 직분은 하나님께서 충성되이 보시고 주시는 은혜입니다. 아무나 장로가 되고 안수집사가 되고 권사가 되는 것이 아닙니다. 기본적인 자격을 갖추게 하시어 성령의 감동을 받은 교회가 선출합니다. 결국 하나님께서 세우십니다. 우리는 사도행전 1장 후반부에서 가룟 유다를 대신할 사도를 세우는 장면을 목격하게 됩니다. 추천을 받은 두 사람 요셉과 맛디아 중에서 제비를 뽑아 맛디아를 비어 있는 사도의 자리에 채웁니다. 이 과정을 사도 베드로는 구약 시편에 예언된 말씀의 성취로 증거합니다. "그 직분을 타인이 취하게 하소서"(시 109:8). 그러나 사도의 직분을 받고도 감당하지 못함으로 박탈당한 가룟 유다의 모습은 우리로 하여금 여러 가지를 생각하게 만듭니다.

우리를 성도로 부르신 주 하나님께서는 각자의 재능에 따라 직분을 맡기십니다. 사도 바울 역시 자신이 받은 직분에 대하여 감사가 넘친다고 고백하고 있습니다. "나를 능하게 하신 그리스도 예수 우리 주께 내가 감사함은 나를 충성되이 여겨 내게 직분을 맡기심이니"(딤전 1:12). 사도 바울은 직분 주신 은혜에 감사하여 끝까지 충성을 다했습니다. 감옥에 갇히기를 밥먹듯이 하고 사십에 하나 감한 매를 다섯 번을 포함한 셀 수 없는 매질, 그리고 굶주림과 추위를 견디며 살았던(고후 11:23-29) 사도 바울은 바로 자신을 충성되이 여겨 귀한 직분을 맡기신 우리 주님을 실망시키지 않으려고 힘썼기 때문입니다. 사람은 자기를 알아주는 상관에게 충성합니다. 그만큼 우리 주님이 주신 직분을 귀하게 여기며 감사했던 사도 바울입니다.

나는 어떤 직분을 받았습니까? 감사하고 있습니까? 그리고 그 직분을 어떻게 감당하고 있습니까? 그런데 지금 나는 어느 자리에 서 있습니까? 직분을 사모하고 있습니까? 우리 모두는 받을 만한 자격이 없습니다. 구원받은 것도 감사한 데 더욱이 하나님의 교회를, 그리고 하나님의 백성을 섬길 수 있는 귀한 직분까지 맡겨주시다니 오직 감사할 뿐입니다. 그러나 염려

할 것 없습니다. 나를 능하게 하신 그리스도 예수 우리 주께서 직분과 동시에 능력을 주신 우리 주 하나님이십니다. 우리에게 남은 것은 순종입니다.

성경은 말씀합니다. "나를 능하게 하신 그리스도 예수 우리 주께 내가 감사함은 나를 충성되이 여겨 내게 직분을 맡기심이니"(딤전 1:12)

2002. 4. 21. 목회편지

2부

1. 행복한 시인
2. 美 대통령들의 최대 덕목은 깊은 신앙심
3. 희망을 실은 애덤 킹의 프로야구 시구
4. 외모로 판단해서는 안됩니다
5. 백만장자와 행복
6. 나이 먹을수록 직언하기가 힘듭니다
7. 암을 극복한 랜스 암스트롱 투르 드 프랑스 3연패
8. 미션바라바-한국인 아내가 야쿠자 두목을 변화시킴
9. 산불 벌금 130만원을 변상하기 위해 20년 세월 보낸 정직한 할머니
10. 부자 흉내 신드롬
11. 천사처럼 돈을 쓰고 싶은 사람
12. 밥퍼 운동 자원봉사자 외국인 교수
13. 하나님께 영광 돌린 최고의 골퍼 최경주
14. 목숨과 바꾼 장애인 사랑 표병구 목사

1 행복한 시인

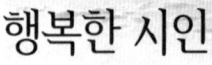

"내가 인자와 공의를 찬송하겠나이다 여호와여 내가 주께 찬양하리이다"(시 101:1)

비록 몸은 뇌성마비이지만 그 영혼의 맑고 순수함, 그리고 신앙으로 가득차 많은 사람들에게 감동을 주는 행복한 시인이 있습니다. 바로 송명희 시인입니다. 그녀는 태어날 때부터 뇌성마비 장애아였습니다. 의사가 태 안에 있는 아기의 뇌를 집게로 잘못 건드려 소뇌가 손상되고 말았습니다. 결국 신체의 움직임을 조절하는 소뇌가 제 기능을 다하지 못하게 되면서 그녀는 일생동안 뇌성마비 장애인으로 살게 됩니다. 게다가 집안이 너무 가난해서 분유 한 통 제대로 먹일 수 없는 상황 속에서 그녀는 일곱 살 때까지 꼼짝없이 누워 있어야만 했고, 열 살이 되어서야 비로소 밥숟가락을 스스로 쥘 수 있게 되었습니다. 아버지마저 결핵을 앓아 매일 콜록거리는 기침 소리와 함께 살아야 했습니다.

아무리 객관적으로 보아도 어느 것 하나 '공평하다'는 말이 나올 수 없는 절망적인 상황이었습니다. 그녀는 하나님과 부모님을 수없이 원망했고, 자신의 탄생을 저주하기도 했습니다. 왜 내가 세상에 태어나서 이런 고생을 할까? 청소년 시기에 그녀는 한때 자살을 생각하기도 했지만 모태신앙인 그녀는 그러한 비참한 모양으로 그냥 죽을 수만은 없었습니다. 그러던 중 17세가 되던 해 "죽더라도 하나님을 만나고 죽어야겠다."는 생각으로 하루에 몇 시간씩 목숨을 거는 절박한 기도를 하기 시작했습니다. 자신을 뇌성마비 장애인으로 세상에 나오게 하신 하나님의 뜻에 절규하면서 하나님을 찾았습니다.

마침내 그녀는 생명을 걸고 드리는 기도 가운데 하나님의 환상을 보았습니다. 그녀는 자신의 환상 속에서 뚜렷하게 떠오르는 하나님의 계시를 글씨로 보았던 것입니다. "하나님을 믿어라. 네가 하나님을 믿지 않으면 정녕 죽으리라."는 내용이었습니다. 그때 그녀의 삶은 비로소 거듭났습니다. 수심이 가득한 표정에서 밝은 표정의 하나님의 딸로 거듭난 것입니다. 그리고 어떠한 상황 속에서도 "내가 너를 버리지 않겠노라."는 확신 속에서 하나님을 신뢰하기 시작했습니다. 모진 삶을 살았던 송명희 시인이 드디어 자신의 고통 위에서 어느 것 하나 공평할 것이 없는 상황 속에서도 '공평하신 하나님'을 노래하기 시작했습니다.

만약에 송명희 시인이 외형적인 것 속에서 자신의 행복을 찾았다면 그녀는 오늘도 여전히 세상 속에서 방황하고 있거나 죽고 말았을 것입니다. 만약에 송명희 시인이 인간이 소유하고 있는 물질 속에서 행복을 찾았다고 한다면 아직도 그녀는 빛을 보지 못했을 것입니다. 만약에 송명희 시인이 하나님의 눈으로 자신을 보지 않고 인간의 시각으로 보았다고 한다면 그녀는 아직도 눈물에 젖어있는 생활을 하고 있을 것입니다. 송명희 시인은 신앙과 믿음이라는 하나님의 보화를 자신의 내면에서 찾은 것입니다. 그 보화를 찾았기에 그녀는 '공평하신 하나님'을 보았습니다. 세상적인 눈과 시각으로는 찾을 수 없는 신앙의 행복을 느낀 것입니다.

그녀는 이렇게 노래합니다. "나 가진 재물 없으나, 남이 가진 지식 없으나, 남에게 있는 건강 있지 않으나, 남이 갖고 있는 것 갖지 않았으나, 나 남이 보지 못한 것을 보았고, 남이 듣지 못한 음성 들었으며, 남이 받지 못한 사랑 받았고, 남이 모르는 것 깨달았네, 공평하신 하나님이, 남이 가진 것 나 없지만, 남이 없는 것을 갖게 하셨네"

우리에게도 행복의 길은 있습니다. 그것은 전능하신 하나님 안에서 행복을 찾을 수 있습니다. 하나님께서 우리를 향해 말씀하십니다. "너는 행복자로다!"

성경은 말씀합니다. "너는 두려워 말라 내가 너를 구속하였고 내가 너를 지명하여 불렀나니 너는 내 것이라"(사 43:1)

2001. 1. 14. 목회 칼럼

美 대통령들의 최대 덕목은 깊은 신앙심

"여호와 우리 주여 주의 이름이 온 땅에 어찌 그리 아름다운지요"(시 8:9)

미국은 청교도들이 신앙을 찾아서 이룩한 나라입니다. 그들의 삶은 순결하고 정직하고 깨끗했습니다. 따라서 그들의 지도자들의 최대 덕목은 역시 신앙심이 되어왔습니다. 클린턴 전 대통령이 르윈스키 사건을 비롯한 추한 일들로 이미지를 훼손했으나 그도 나중에 기독교 지도자들 앞에서 참회했습니다. 제43대 미국 대통령에 조지 W.부시가 당선되면서 새삼 미국 대통령의 기독교적 신앙심에 관심이 쏠리고 있습니다. 그는 독실한 감리교 신자입니다. 그의 신앙심은 이미 대선 과정을 통해서 알려졌고 검증되었습니다. 200년에 걸쳐 43대까지의 대통령 가운데 케네디 대통령(가톨릭)을 제외하고는 모두 개신교 신자였던 역대 대통령들은 위기 때마다 신앙으로 극복함으로써 오늘의 초강대국 미국을 건설했습니다. 조지 워싱턴 초대 대통령과 2대 존 애덤스, 3대 토머스 제퍼슨, 4대 제임스 매디슨 등 미국 건국의 아버지들이 청교도적 신앙으로 나라를 일으켜 세웠으며, 16대 링컨은 기독교적 박애사상에 근거하여 남북전쟁을 승리로 이끌어 노예해방과 통합 미국을 이룩했습니다. 또 32대 프랭클린 루스벨트는 대공황의 시련을 기도와 신앙의 힘으로 극복했다고 진술했으며, 침례교 신자인 39대 지미 카터는 독실한 신자로서 그는 기독교적 헌신과 봉사로 오늘날도 미국인과 세계인의 존경을 받고 있습니다. 카터는 대통령에서 물러난 뒤 "(나는) 대통령이 목표가 아니라 하나님의 힘을 전하는 주춧돌이 되고 싶었다. 대통령은 하나의 과정이었다."고 말하기도 했습니다. 그는 평화의 사절로 세계 곳곳에 문제가 발생되면 달려가 화해를 주선하는 메신저로서 현직 대통령 재직 시절보다 오히려 더 인기와 존경을 받고 있습니다.

이번 43대 대선 당선자 조지 W.부시도 아버지 조지 부시 41대 대통령과 함께 독실한 감리교인으로 널리 알려져 왔습니다. 특히 조지 W.부시는 이번 선거기간 중이던 지난 6월 10일을 '텍사스 주 예수의 날'로 선포할 정도로 독실한 신앙심을 대담하게 드러냈습니다. 경쟁자였던 엘 고어 부통령도 유세기간 중 틈만 나면 '나는 다시 태어난 기독교인'이라고 밝혀 이들의 이번 대결은 "누가 더 신앙심이 깊은가의 대결이었다."는 미 언론의 평을 받기도 했습니다.

많은 미국 전문가들은 세계 최강국 미국을 이끄는 힘은 바로 이와 같은 지도자들의 신앙심이라고 단언하고 있습니다. 미국 역대 대통령에 정통한 함성득 교수(고려대)는 "미국 정치인들이 정계에 입문하면 맨 먼저 받는 질문이 '당신은 신의 존재를 믿는가?'라는 것"이라면서, "여기서 신은 기독교적 하나님을 뜻한다."고 덧붙였습니다. 또 다른 미국통들도 기독교는 국교로 선포되지만 않았을 뿐, 미국의 건국이념이자 발전축이며 국정운영의 토대라고 한결같이 지적하고 있습니다.

대통령 선거 등 미국의 각종 선거에는 낙태, 인권, 사회복지 등의 문제가 돌출되는데, 이는 다 기독교 윤리 문제와 불가분의 관계를 맺고 있습니다. 아무리 사회가 변해도 미국인들은 그들의 대통령이 갖출 덕목 중에 여전히 정직하고 깨끗한 성경적 삶을 최고의 덕목으로 꼽고 있습니다. 그러므로 기독교적 합리성은 미국 정책의 근간이며, 기독교 윤리는 미국 사회의 도덕률이 되고 있으며, 신앙인이 아니고서는 미국의 대통령이 될 수 없다고 말할 수 있을 것입니다. 미국인들은 그들이 늘 소지하고 사용하고 있는 그들의 화폐인 달러에도 '우리는 하나님을 믿는다' (We trust in God)고 새겨 넣었습니다. 미국의 힘은 바로 여기에 있습니다. 세계 초강대국 미국의 힘과 번영은 바로 이같이 지도자와 국민들의 정직하고 깨끗한 기독신앙에서 유래되고 있습니다.

머리가 아플 정도로 복잡하고 추하게 돌아가는 우리의 현실을 볼 때 우리에게도 깨끗한 덕목을 갖춘 지도자들이 절실히 요구되고 있습니다. 그러나 이 역시 우리의 사회가 만들어 내는 것이 아니겠습니까? 이것은 우리 모두의 책임이요 의무입니다.

성경은 말씀합니다. "여호와의 산에 오를 자 누구며 그 거룩한 곳에 설 자가 누군고 곧 손이 깨끗하며 마음이 청결하며 뜻을 허탄한 데 두지 아니하며 거짓 맹세치 아니하는 자로다" (시 24:3-4)

2001. 1. 20. 목회 칼럼

3 희망을 실은 애덤 킹의 프로야구 시구

"나의 힘이 되신 여호와여 내가 주를 사랑하나이다"(시 18:1)

지난 주간 4월 5일 식목일에 잠실구장 그라운드에서 2001 시즌 프로야구 두산 베어스 대 해태 타이거즈 개막경기가 열렸습니다. 오후 2시 개막식 시구를 앞두고 스탠드를 꽉 메운 3만 여 관중은 우레와 같은 박수로 그라운드로 들어서는 어린이를 환영했습니다. 티타늄으로 만들어진 의족에 의지한 애덤 킹(9·한국명 오인호)군은 양아버지의 손을 잡고 천천히 마운드로 걸어와 관중에게 인사했습니다. "안녕하세요. 여러분 사랑해요."

정확하지 않은 우리말 발음에 다시 한번 잠실벌이 떠나갈 듯 뜨거운 박수가 쏟아졌습니다. 애덤은 한국 프로야구 20주년 개막경기에서 한국야구의 영원한 영웅 선동열(宣銅烈)씨를 상대로 시구하는 감격을 맛보았습니다.

프로야구는 선수들이 흙먼지를 날리며 땀 흘려 뛸 때, 경쾌한 방망이 소리와 함께 안타 홈런이 나오거나 또 그러한 타구를 멋지게 잡아챌 때 환호하고 박수를 보냅니다. 그리고 경기 시작을 알리는 기념 볼을 던지는 시구자에게서도 감동을 받습니다. 지난해 9월 2일 삼성 대 한화전이 열린 대전구장, 중년의 두 남자가 그라운드에 나섰습니다. 마운드의 시구자는 김진수 목사(47)였고, 타석의 시타자는 전찬일(34·상업)씨였습니다. 김 목사의 콩팥을 기증 받아 수술 받은 전씨가 마스크는 썼으나 비교적 건강한 모습으로 던지고 때린 것입니다.

올해의 시구를 한 애덤은 4살 때 미국으로 입양되었는데 예비역 해군 중령인 양아버지 밑에서 4명의 한국 어린이 등 8명의 장애아와 함께 외부 보조 없이 잘 자랐습니다. 유니폼에 한국 이름 '오인호'를 붙인 애덤은 잠실구장의 엘리베이터도 고장나고, 계단도 많은 탓에 자주 뒤뚱거려서 보는 이들로 하여 안쓰럽게 만들었습니다. 그러나 그는 희망을 실은 공을 장애자뿐만 아니라 우리 모두에게 날려보냈습니다.

애덤은 3년 전 영부인 이희호 여사가 미국 방문 길에 만났을 때는 휠체어와 목발을 사용했습니다. 그러나 야구를 시작하고 시구 소식을 듣고는 재활 치료에 열성을 보여 이제는 혼자서 곧잘 걸어다닐 수 있게 되었습니다. TV 시청자들과 그를 초청해 모처럼 잠실구장을 찾은 이희호 여사와 두산 관계자들, 그의 시구를 주선한 일간스포츠 기자들은 구김 없고 해맑은 그의 얼굴에서 희망을 봅니다.

시구 직전에 "빠른 직구를 던질래, 변화구를 던질래?" 하고 묻는 기자의 물음에 생글생글 웃으며 "모르겠어요."라고 대답했습니다. 애덤은 시타자 선동열 한국야구위원회(KBO) 홍보위원에게 원 바운드 공을 던지고, 또 한번 구김살 없이 활짝 웃었습니다.

중증장애를 지닌 미국 입양아 애덤이 이 영광스러운 마운드에 서게 된 것은 대통령 부인 이희호 여사와의 뜻깊은 인연 때문이었습니다. 이 여사는 1998년 6월 김대중 대통령과 함께 방미했을 때 애덤을 처음으로 만났습니다. 이 여사는 그해 11월 애덤을 청와대로 초청한 데 이어, "야구를 하고 있다."는 편지를 읽고 두산베어스 유니폼을 선물로 보내주었습니다. 두산측은 이런 계기로 '두산베어스 어린이 명예회원'이 된 애덤을 올 시즌 프로야구 개막전 시구자로 초청하게 된 것입니다. 이날 야구장에 나온 이 여사는 시구가 끝난 뒤 애덤을 곁에 불러 앉히고 "잘 던지더라. 정말 자랑스럽다."며 격려했습니다. 애덤은 현재 메이저리그 애너하임 에인절스팀 산하에 어린이 야구팀인 챌린저리그 선수입니다.

예비역 해군중령으로 캘리포니아주의 한 컴퓨터 보안회사 시스템애널리스트로 근무하는 찰스 킹(49)씨는 애덤을 정상 아동이 다니는 세네카초등학교에 보내는 등, 아들이 장애를 의식하지 않고 당당히 생활하도록 키웠습니다. 킹씨는 "애덤을 입양한 것은 하나님의 뜻"이라며 "아들과 함께 한국 프로야구 개막시구를 한 것은 놀랍고도 행복한 경험"이라고 기뻐했습니다. 이러한 그의 인격과 신앙 앞에 고개를 숙이지 않을 수 없습니다. 이번 기회로 우리는 장애자에 대한 편견을 버리고 그들에게 관심과 뜨거운 후원에 동참해야 할 것입니다.

성경은 말씀합니다. "어느 때나 하나님을 본 사람이 없으되 만일 우리가 서로 사랑하면 하나님이 우리 안에 거하시고 그의 사랑이 우리 안에 온전히 이루느니라"(요일 4:2)

2001. 4. 8. 목회 칼럼

외모로 판단해서는 안 됩니다

"내가 사망의 음침한 골짜기로 다닐지라도 해를 두려워하지 않을 것은 주께서 나와 함께 하심이라 주의 지팡이와 막대기가 나를 안위하시나이다"(시 23:4)

 뉴스에 자주 나오는 사람이 미 국무부 부장관인 리처드 아미티지입니다. 그는 외모가 전형적인 무인(武人) 타입입니다. 떡 벌어진 어깨, 부리부리한 눈매, 곧추세운 '자라목'은 휘하 병사들을 향해 "돌격, 앞으로!"를 외치는 전장(戰場)의 지휘관을 연상시킵니다. 그는 사실 해군사관학교를 나왔고, 베트남전에 참가해 '지옥의 묵시록'을 몸소 체험했습니다. 그의 유일한 취미는 역도입니다. 같은 군인 출신으로 아미티지 부장관과 둘도 없는 사이인 콜린 파월 국무장관은 비망록에서 그에 대한 첫인상을 이렇게 기록하고 있습니다. "거구에 반짝이는 대머리는 모루처럼 단단하게 생겨서 다음 주 토요일에 열리는 세계레슬링대회에 나가도 손색이 없어 보였습니다."

그런데 그의 겉만 보고 판단해서는 큰 오산입니다. 아미티

지 부장관은 8명의 자녀를 두고 있는데 그 중 6명이 해외입양아입니다. 미국 사람들은 상상 밖의 놀라운 일들을 하고 있습니다. 버지니아주에 있는 그의 집에는 아시아, 아프리카, 유럽에서 온 아이들로 하나의 '작은 세계'를 이루고 있다고 합니다. 부장관 정식 지명이 늦어진 것도 연방수사국(FBI)이 입양아들의 생부모 관계를 조사하는 데 시간이 많이 걸린 탓이라고 합니다. 부럽고 부끄러울 뿐입니다. '고아 수출국 1위'의 불명예를 안고 있는 우리로서는 아미티지의 두 얼굴 앞에서 할 말이 없을 정도입니다.

한국전쟁 이후 지금까지 해외에 입양된 한국 어린이는 14만 명에 달합니다. 국내 입양아의 두 배가 넘는 숫자입니다. 입양이 사회지도층의 도덕적 의무로 여겨지는 미국에 가장 많은 8만 명이 입양됐습니다. 입양에 대한 사회적 인식이 바뀌면서 국내 입양아 수가 점차 늘고 있다지만 여전히 해외입양아 수에는 미치지 못하고 있습니다. 어릴 때 입양되어 20년이란 세월이 지난 후에 한국을 찾아온 입양아들에게 한국은 어떤 나라로 보이겠습니까? 이해가 되지 않는 것 투성이인 낯선 땅이 아니겠습니까? 단란주점과 러브호텔의 휘황한 네온사인은 한국사회의 실종된 윤리와 책임을 보여줍니다. 한국에서 해외에 입양되는 아동의 90%가 미혼모가 출산한 아이들입니다. 주위의 따가운 시선보다 경제적으로 키울 능력이 없어서 아이를 버리는 미혼모가 많습니다. 가난 때문에 모성을 포기해야 하는 한국의 현실이 과연 옳다고 말할 수 있겠습니까?

이제 우리는 입양아에 대하여 관심을 가져야 합니다. 근본적인 것은 역시 미혼모를 줄이는 것이 아니겠습니까? 그것은 가정이 신앙으로 바로 서야 가능합니다. 가정이 비뚤어질 때 미혼모가 생기고 입양자들이 늘어나는 것입니다. 우리도 이제 사랑을 과감하게 베풀어야 할 때가 되었습니다.

성경은 말씀합니다. "내 부모는 나를 버렸으나 여호와는 나를 영접하시리이다"(시 27:10)

2001. 5. 27. 목회 칼럼

5 백만장자와 행복

"여호와여 내가 소리로 부르짖을 때에 들으시고 또한 나를 긍휼히 여기사 응답하소서"(시 27:7)

 워릭대 연구팀이 1990년부터 10년간 매년 1만 명의 영국인을 무작위로 뽑아 조사한 바로는 더도 덜도 아닌 1백만 파운드(약 18억 원)의 재산을 가진 사람들의 행복도가 가장 높은 것으로 나타났습니다. 영국을 기준으로 백만장자의 반열에 막 들어선 백만장자 초년병들의 행복지수가 가장 높게 나왔다고 합니다. 또한 영국 이코노미스트지 최신호는 1백만 달러(약 13억 원) 이상의 재산을 가진 백만장자가 전 세계에 7백 20만 명이라고 전합니다. 지난 97년의 5백 20만 명보다 2백만 명이 늘어난 숫자입니다. 돈만을 기준으로 보면 행복할 수 있는 신흥부자들이 급증하고 있는 셈입니다.

그렇다고 백만장자가 아무나 되는 것은 아닙니다. 미국의 경영학 교수인 토머스 스탠리와 윌리엄 댄코는 미국의 백만장자를 대상으로 연구한 결과를 지난 98년 '이웃집의 백만장자'

란 책으로 출간했습니다. 베스트셀러가 된 이 책에 따르면 미국의 백만장자들의 평균 연령은 57세로 80%가 대졸 이상의 학력이며, 80%가 부모의 도움 없이 자수성가했으며, 2/3가 주당 45-55시간씩 일을 하고, 50% 이상이 399달러 이상의 양복이나 140달러 이상의 구두를 한 번도 구입하여 입어 본 적이 없는 사람들입니다. 또 버는 돈의 15% 이상을 저축하고, 보통 사람들이 수입의 12%를 세금으로 내는데 비해 2%만을 세금으로 내는 '절세(節稅) 선수'들이기도 합니다. 아무나 백만장자가 되는 것이 아닌 것 또한 틀림이 없습니다. 빚을 내어서라도 편하게 지내야만 하고, 폼을 잡아야 하고, 기가 죽어서는 안 되는 것을 해서는 결코 백만 장자 소리는 들어볼 수 없다는 말입니다.

스탠리와 댄코 교수는 백만장자의 길로 제대로 가고 있는지를 판별하는 간단한 공식도 만들었습니다. 연간 세전 소득에 자신의 나이를 곱하고 이를 10으로 나눈 액수의 2배보다 현재 보유한 순자산(총자산-부채)이 많으면 백만장자를 향해 가고 있다는 것입니다. 예컨대 50세 된 사람의 연간 세전 소득이 8천만 원이라면 최소한 8억 원의 순자산은 보유하고 있어야 장차 백만장자가 될 가능성이 있다는 계산입니다.

물론 돈이 있다고 다 행복한 것은 아닙니다. 오히려 재물 때문에 불행해지는 경우도 주위에서 흔히 볼 수 있습니다. 그러나 비록 돈으로 행복을 살수는 없지만 돈 없이는 행복도 없다는 말도 일리는 있습니다. 돈이 있으면 편리하고 잘 살 수 있다는 것도 사실입니다. 이 세상을 살아가는데는 행복을 위해 얼마간의 돈은 있어야 합니다. 그렇다고 반드시 돈과 행복이 비례하는 것은 아닙니다. 그러나 돈을 많이 가지고 있으며 잘 먹고 잘 입고 여행도 하면서 즐기는 것만이 행복이라고 할 수는 없지 않습니까? 수고하여 얻는 보람과 성취감이 없다면 과연 그것이 진정한 행복이겠습니까? 돈은 있으나 가정에 화평이 없다면, 돈은 많으나 건강이 없다면 참된 행복을 가졌다고 말할 수 없을 것입니다.

얼마 전 발표된 행복지수에도 가장 행복하다고 생각하며 살아가는 사람은 초일류 강대국인 미국이나 부국인 일본도 아닌, 우리가 가장 가난하고 어렵게 살아간다고 알고 있는 방글라데시 사람들로 나왔으니 말입니다. 그것은 행복은 결코 백만장자가 되는 것이 전부가 아니라는 것을 보여줍니다.

성경은 말씀합니다. "마른 떡 한 조각만 있고도 화목하는 것이 육선이 집에 가득하고 다투는 것보다 나으니라" (잠 17:1), "어떤 사람은 그 심령의 모든 소원에 부족함이 없어 재물과 부요와 존귀를 하나님께 받았으나 능히 누리게 하심을 얻지 못하였으므로 다른 사람이 누리나니 이것도 헛되어 악한 병이로다" (전 6:2)

2001. 6. 24. 목회 칼럼

나이 먹을수록 직언하기가 힘듭니다

"하나님은 우리의 피난처시요 힘이시니 환난 중에 만날 큰 도움이시라"(시 46:1)

 어느 70세가 넘은 기업의 총수는 이렇게 얘기한 적이 있습니다. "나도 나이가 많아지니까 내 앞에서 듣기 싫은 소리하는 사람이 싫어지더라. 그러니까 나이가 연로한 사람 앞에서는 되도록 듣기 좋은 말을 하는 것이 출세에 좋을 것이다."

13억 인민을 이끌어 가는 중국 장쩌민(강택민) 주석은 카리스마가 있거나 권위주의적인 정치가는 아니라는 평을 듣습니다. 그는 재주가 많아 음악을 좋아하고 다루지 못하는 악기가 없는 정치인이기도 합니다. 지난 96년 11월 마닐라에서 열린 APEC회의 때 라모스 필리핀 대통령은 클린턴과 장쩌민을 초청하여 그의 요트에서 융숭하게 대접한 일이 있었습니다. 이때 흥에 겨웠던 장쩌민은 일어나서 '차차차' 춤을 추었고, 엘비스 프레슬리의 '러브 미 텐더'(Love me tender)를 구성지게 불렀다고 합니다. 또한 장쩌민은 옐친을 만났을 때도 스스

럼없이 노래를 불렀고, 중국의 악기를 연주하여 옐친을 흥겹게 했습니다. 장쩌민은 상하이의 지오통(교통) 대학에서 전기공학을 공부한 공학도이지만 그가 중·고등학교에 다닐 때는 문학에 심취했던 문청(文青)이기도 했습니다. 그는 아직도 영어, 러시아어, 루마니아어 등 3개 국어를 하는 장쩌민은 "국민에 의한, 국민을 위한, 국민의 정부…"의 명구가 있는 링컨의 게티스버그 연설을 외우고 있으며, 그가 중·고교에 다닐 때 읽었던 톨스토이의 '전쟁과 평화'를 인용해 이야기하기도 한다고 알려졌습니다.

그런 장쩌민에게 한가지 버리지 못하는 버릇이 있습니다. 바로 점잖은 자리나 격식을 따지는 정상회담 자리에서나 가리지 않고 머리를 빗는 버릇입니다. 원래 머리카락을 완전히 뒤로 빗어 넘긴 그는 스스로 이미지 관리에 신경을 써 많은 사람 앞에서 머리를 빗곤 했는데, 정상회담 때에도 그렇게 하기 일쑤여서 수행원들이 애를 먹곤 했다는 것입니다. 스페인을 방문해서 후안 카를로스 국왕의 공식환영 행사장에서도 그렇게 머리를 빗어 세계의 사진기자들이 '머리 빗는 사진'을 온 세계에 서비스했습니다. 그러나 그의 비서들이나 수행원들은 공중 앞에서 머리 빗는 모습을 보여주는 것이 천박해 보인다고 생각하면서도 장쩌민에게 그 얘기는 끝내 하지 못했습니다. 그만큼 나이가 들수록 직언을 하기가 어렵다는 것입니다.

독재자들의 말로는 직언을 듣지 않은데 있다고 역사는 말하고 있습니다. 인간은 누구나 책망이나 충고보다는 칭찬하는 소리를 듣기 좋아합니다. 그러나 칭찬듣기를 좋아하는 순간부터 자신은 허물어져 간다는 사실을 알아야 합니다. 요즈음은 자녀들에게도 듣기 싫은 소리를 잘 하지 않고 키우는 시절이 아닙니까? 그들이 과연 성장하여 세상을 살아갈 때 결코 항상 칭찬만 들을 수는 없을 것입니다. 충고와 직언, 그리고 칭찬과 격려는 조화를 이루어야 합니다. 지금 이 시대의 지도자들이 가장 필요한 것은 바로 올바른 직언입니다. 그리고 꼭 필요한 사람은 의로운 말을 하는 사람이며 들을 수 있는 귀를 가진 사람입니다.

성경은 말씀합니다. "지혜 있는 자는 듣고 학식이 더할 것이요 명철한 자는 모략을 얻을 것이라"(잠 1:5), "너는 권고를 들으며 훈계를 받으라 그리하면 네가 필경은 지혜롭게 되리라"(잠 19:20)

2001. 7. 15. 목회 칼럼

암을 극복한 랜스 암스트롱 투르 드 프랑스 3연패

"하나님은 나의 돕는 자시라 주께서 내 생명을 붙드는 자와 함께 하시나이다"(시 54:4)

암스트롱 신화는 계속됩니다. 22일 동안 프랑스 전역을 돌며 20구간 33,600km를 달리는 지옥의 사이클레이스가 끝났습니다. 코르베유 에손에서 파리에 이르는 제20구간 160.5km를 70위(3시간 57분 28초)로 골인한 '암을 극복한 사나이' 랜스 암스트롱(29·미국)은 결승점을 통과하면서 양손에 꽃다발을 들고 환호했습니다. 종합집계에서 86시간 17분 28초를 기록, 라이벌 얀 울리히(27·독일)를 6분 44초로 따돌리고 3년 연속 '옐로저지'(Yellow Jersey)를 입게 되었습니다. 미국인으로서는 최초로 대회 통산 5번째 3연패입니다. 암을 이겨낸 철인 사이클리스트 '랜스 암스트롱'(30·미국)이 '투르 드 프랑스'(프랑스 일주 사이클대회) 3연패를 향해 힘차게 페달을 밟은 시각이 지난 달 7일 새벽(한국시각)이었습니다. 프랑스 북부 항구도시 됭케르크에서 개막한 투르 드 프랑스 첫날 경기(프롤로그)에서 8km 구간을 9분 24초

에 주파해 3위로 골인했습니다.

프랑스의 크리스토퍼 모로가 9분 20초로 선두를 달렸으며, 스페인의 곤잘레스 갈데아노가 9분 23초로 그 뒤를 이었습니다. 이번 대회에서 암스트롱의 가장 강력한 라이벌이자 시드니올림픽 도로경기 금메달리스트 울리히 얀(독일)은 4위(9분 27초)에 올랐습니다. 올해로 88회를 맞은 투르 드 프랑스는 프랑스 전역(약 3,600km)을 3주 이상 달리며, 알프스 피레네 산맥을 넘나들어야 하는 세계에서 가장 힘든 사이클 대회입니다.

그러나 투르 드 프랑스의 코스가 험난할수록 암스트롱의 '인간 승리'는 더욱 빛을 발합니다. 93년 세계챔피언 암스트롱은 96년 10월 세계선수권대회를 앞두고 고환암 판정을 받았습니다. 암세포가 뇌와 폐까지 퍼져 생존율은 40% 미만으로 떨어졌습니다. 의사들은 뇌와 고환의 일부를 제거하는 수술로 목숨을 구한 것만으로도 기적이라고 했습니다. 그러나 98년 2월 암스트롱은 사이클 핸들을 다시 잡았습니다. 몸무게는 9kg이 줄었고 머리카락도 듬성듬성해졌지만 "다시 돌아오겠다."는 자신과의 약속을 지키고 싶었습니다. 99년 7월 암스트롱이 투르 드 프랑스에서 우승한 뒤 챔피언의 상징인 '노란 셔츠'(Yellow Jersey)를 입는 순간 그의 수술을 맡았던 칼 아우스만 박사는 흥분했습니다. "오, 하나님. 이 사람이 내가 본 그 사람입니까? 머리카락 한 올 없이 앙상한 몸으로 침대에 누워 간신히 몸을 움직이던 그 사람입니까?" 생존 가능성이 50% 밖에 되지 않는 고환암을 극복하고 '기적의 드라마'를 해마다 일궈낸 암스트롱은 대회 최다연속 우승기록(5회)에 도전할 뜻이 없냐는 질문을 받고 "나는 기록을 목표로 삼은 적이 없다. 3연패도 내겐 꿈만 같다."며 감격했습니다. 알프스산맥을 통과하는 '지옥의 코스'를 질주하는 남편에게 힘을 주기 위해 딸 쌍둥이 출산을 앞두고 있다는 소식을 편지로 전한 아내 크리스틴과 뜨겁게 포옹했습니다.

4회 출전하여 한번의 우승을 제외하고는 암스트롱에 밀려 준우승만 세 차례 기록하게 된 울리히는 암스트롱에게 악수를 건넨 후 "그에게서 약점을 찾아보려고 애를 썼지만 불가능했다. 그는 정말 위대한 선수"라고 칭찬했습니다. 그동안 암스트롱의 약물복용 의혹을 끊임없이 제기해왔던 프랑스 언론사 가운데 하나인 스포츠신문 레퀴프는 이례적으로 "암스트롱이 산악레이스 도중 라이벌 울리히가 넘어졌을 때 그를 기다리는 우정을 보였다. 그는 사이클 사상 가장 위대한 선수로 이미지를 바꿔가고 있다."고 높이 평가했습니다. 한편 그를 질시하는 일부 언론에 대해 암스트롱은 "신경쓰지 않고 계속 사이클을 탈 것"이라며 강한 어조로 말했습니다.

하나님은 우리 인간에게 정말 위대한 선물을 주셨습니다.

바로 어떠한 어려움 속에서도 인내하며 소망을 가지는 것입니다. 암스트롱은 오늘날 어려운 시대에 많은 사람들에게 용기와 소망을 준 위대한 인물이라고 말하고 싶습니다.

성경은 말씀합니다. "의인의 소망은 즐거움을 이루어도 악인의 소망은 끊어지느니라"(잠 10:28)

2001. 8. 5. 목회 칼럼

미션바라바-한국인 아내가 야쿠자 두목을 변화시킴

"수고하고 무거운 짐진 자들아 다 내게로 오라 내가 너희를 쉬게 하리라"(마 11:28)

지난 23일 서울 장충체육관에는 가슴에 용 문신을 새긴 일본의 '야쿠자' 출신 6명이 나타났습니다. 전직 야쿠자 6명이 한국에 온 것은, 23-24일 이틀간 열린 '한·일 선교협의회'와 '2002 월드컵 기독시민운동협의회'가 주최한 행사에 참석하기 위해서였습니다. 행사장에서 상의를 벗어 선명한 문신을 선보인 건장한 체격의 이들은, 한때 일본 조폭 세계에서 자칭 '바라바의 8인'으로 악명을 떨쳤습니다. 그러나 그들은 변했습니다. 야쿠자의 전체 서열 5위였던 나까지마(51), 조직을 위해 살인도 서슴지 않았던 재일 교포 3세 가나자와(37), '오사카 전쟁'을 일으켜 전 일본을 뒤흔든 오사카의 오야붕 요시다(46) 등 8명의 전 야쿠자들은 '미션 바라바'라는 선교모임을 만들었습니다.

그들은 이제 칼 대신에 십자가를 짊어지고 복음을 전하고

2부

있습니다. 환각제 마약 권총 등을 밀매하는 폭주족이자 강도였던 이들의 악행은 당시 일본에서 성경에 나오는 악당 '바라바'를 연상시키기에 충분했습니다. 그러나 현재 이들은 모두 야쿠자 생활에서 손을 떼고 '미션 바라바'라는 기독교 선교 모임을 조직해 새로운 삶을 살고 있습니다.

이들의 '변신'에는 한국인 아내들의 역할이 결정적이었습니다. 이날 한국 청중들을 향해 "2002년 월드컵을 앞두고 어두운 과거로 방황하는 사람들의 짐을 덜기 위해 일하겠다."고 역설한 스즈키(46)씨도 한국인 아내 한금자씨 덕분에 새로운 삶을 찾게되었다고 합니다. 스즈키씨는 17세 때 야쿠자가 된 이후에 도박과 공갈, 술과 여자로 점철되는 방탕한 생활을 하다가 86년 한씨를 만나 결혼하게 되었습니다. 어려서 야쿠자가 되기 위해 양손 새끼손가락 한마디를 절단한 스즈키씨는 조직 내 갈등 속에 89년도에 파문당했습니다. 그는 강연에서 부인 한씨는 "모두가 등을 돌리고, 술과 도박에 찌든 나를 기다려준 유일한 사람"이라고 했습니다. 새 사람이 된 8명의 야쿠자 중 3명이 한국인 아내를 두고 있습니다.

나까지마 학원장의 아내 이성애(40)씨는 대구 사람으로 일본에 어학연수를 위해 갔다가 나까지마를 만났습니다. 처음에는 사업을 하는 사람인 줄 알았는데 나중에 알고 보니까 야쿠자였습니다. 잘 나갈 때는 한 달에 주는 돈만 해도 원화로

1,000만 원이었습니다. 남편 나까지마가 조직에서도 금한 마약을 복용해서 범죄에서 빠져 나오지를 못했습니다. 그러나 그의 아내 이성애씨가 눈물로 기도하며 전도한 결과 그가 교회에 나오게 되었고 변하여 새롭게 되었습니다.

이제 그는 더 이상 야쿠자가 아니라 우에노공원에서 노숙자들에게 주먹밥을 나누어주는 사랑의 사도로 변화되었습니다. 사람이 이렇게 달라질 수 있는 것은 이성애씨의 눈물의 기도 덕분이었습니다. 영혼을 향한 사랑 때문에 가능했습니다. 그의 아내는 주님을 사랑하는 마음이 있기 때문에 야쿠자도 품을 수가 있었습니다.

우리는 우리의 직장에서도 복음을 전해야 합니다. 우리의 생활 속에서 항상 복음을 전해야 합니다. 전적으로 주님의 능력을 의지하고 전해야 합니다. 요시다 요시유키(58)씨도 "이러한 우리가 할 수 있었다면 누구나 변할 수 있다. 새로 시작하기에 늦은 시간은 없다."고 역설했습니다. 두 차례에 걸친 강연을 마친 이들은 25일에 일본으로 떠났습니다. 그렇습니다. 변화하지 못할 사람은 아무도 없습니다. 누구라도 어떤 사람이라도 새롭게 변화될 수 있습니다.

전도자 요한 웨슬레의 'The best of all is God is with us' 즉 "가장 최선의 것은 하나님께서 나와 함께 하시는 것이다."

라는 유명한 말이 있습니다. 과거도 아니고 미래도 아니라 지금 이 시간이 우리에게 최선의 시간입니다. 하나님이 함께 하시는 시간이기 때문입니다. 하나님이 우리와 함께 하시기 때문에 어떤 상황이든 우리에게는 최선의 시간이며 최대의 행복입니다. 언제나 현재가 극적입니다.

성경은 말씀합니다. "그런즉 누구든지 그리스도 안에 있으면 새로운 피조물이라 이전 것은 지나갔으니 보라 새 것이 되었도다"(고후 5:17)

2001. 10. 28. 목회 칼럼

산불 벌금 130만원을 변상하기 위해 20년 세월 보낸 정직한 할머니

"할렐루야, 내가 정직한 자의 회와 공회 중에서 전심으로 여호와께 감사하리로다"(시 111:1)

모처럼 감동적인 기사가 실렸습니다. 지난 79년 9월 남편 이두봉(84년 사망, 당시 60세)씨가 삼마치고개에 약초를 캐러 갔다가 무심코 버린 담뱃불로 국유림 3.5ha를 태웠습니다. 이로 인해 부과 받은 변상금 126만 3천 원을 지난 81년부터 갚기 시작하여 지난 9월 완납했다는 용간난 할머니의 이야기입니다. 산림청 직원들은 남편이 낸 산불피해 변상금 130만 원을 무려 20년에 걸쳐 갚은 강원도 홍천의 용간난 할머니에게 감동했씁니다. 지난 15일 오후 강원도 홍천군 홍천읍 희망리에 있는 용씨의 집을 찾아 북부지방산림관리청이 청장을 통해 전국의 산림청직원 2,000명이 십시일반으로 정성껏 모은 130만 원을 전달했습니다.

용간난 할머니의 이야기는 많은 것을 생각하게 합니다. 용할머니의 남편 이누봉씨는 친구와 함께 약초를 캐러 갔다가 담뱃불을 잘못 버려 국유림 일부를 태우자 홍천 국유림관리소는 이씨의 어려운 사정을 감안해 산불피해 변상금 130만 원을 분할 상환하게 했습니다. 그러나 이씨는 얼마 있지 않아 중풍을 앓다 숨졌고, "내 대신 당신이라도 꼭 갚아 달라."는 유언을 남겼습니다. 그 후 용 할머니는 3남 1녀의 자녀를 홀로 키우며 매년 서너 차례씩 3만-10만 원의 변상금을 꼬박꼬박 납부했습니다. 85년부터는 농사짓기 힘들어 일당 7,000원 짜리 허드렛일까지 하면서도 마침내 지난 9월 마지막 변상금 10만 원을 납부했습니다. 돈을 다 갚고 난 용 할머니의 일생은 "빚이 있다는 생각에 20년 동안 가슴 한 구석이 늘 답답했는데 이제 후련하다."고 했습니다.

내일 모레 칠순을 바라보는 나이에 평생 허리가 휘게 일했으나 여전히 벗지 못한 가난한 생활을 하고 있는 그에게 과연 무엇이 이처럼 늙고 고단한 할머니로 하여금 기나긴 세월을 산불 변상금 갚기에 매달리게 했습니까? 용 할머니의 '20년 빚 갚기'의 원동력은 자신들의 실수에 대한 배상, 아무리 적은 액수라도 빚을 지고는 편히 살지 못하는 마음가짐이었습니다. 얼마 전까지만 해도 우리 사회의 평범한 사람들이 지녔던 소박한 '양심'이었습니다.

우리가 살고 있는 이 사회는 끊임없는 부조리와 스캔들, 게이트 속에서 수백 억, 수천 억이 오고갑니다. 이런 중에도 불과 130만 원을 갚기 위해 20년이란 세월을 가난 속에서 바쳤다는 것은 우리를 감동케 하면서도 너무도 안타깝게 합니다. 그 뿐입니까? 한 병에 1,000만 원짜리 수입 양주가 인기리에 팔려나가고, 부모를 잘 만난 10-20대가 하룻밤 유흥비로 수백만 원을 가볍게 내던지고, 마약 사건, 호화관광, 사치생활 등과 비교될 수밖에 없는 아픔입니다.

산림청 직원은 할머니의 정성에 감동을 받아 성금을 전달하면서 "생계 유지조차 어려운 환경 속에서 보여준 준법정신과 책임의식이 전 국민에게 큰 감동을 주었다."고 찬사를 하자, 할머니는 소박한 답사로 또 우리에게 신선한 감동을 줍니다. "남편의 잘못으로 산불을 낸 것에 대한 변상금을 납부한 것은 국민으로서 당연히 해야 할 일"이라며, "그동안 변상금을 납부하고 남은 돈을 모아 조그만 칼국수 가게를 내려고 했는데 이 성금을 가게 내는데 보태겠다."고 했습니다.

용 할머니가 사는 동네 이름은 '희망리'라고 합니다. 이 마을 이름처럼 할머니에게는 새로운 희망의 세계가 위로하며 기다리는 것처럼 보입니다. 당연한 일을 하는 것이 감동을 주는 이 시대는 대부분이 정직하지 못한 세대라는 것이 우리를 더욱 슬프게 합니다.

성경은 말씀합니다. "여호와의 도가 정직한 자에게는 산성이요 행악하는 자에게는 멸망이니라"(잠 10:29), "정직하게 행하는 자는 여호와를 경외하여도 패역하게 행하는 자는 여호와를 경멸히 여기느니라"(잠 14:2)

2001. 11. 18. 목회 칼럼

부자 흉내 신드롬

"여호와를 경외하는 것이 지식의 근본이어늘 미련한 자는 지혜와 훈계를 멸시하느니라"(잠 1:7)

요즈음 상류층의 전유물로만 인식되어 왔던 고급 소비 문화가 최근 서울 강남 일대를 중심으로 중산층과 일부 직장인들에게까지 확산되고 있다고 합니다. 물론 여유가 있고 형편이 되는 사람들이 자신이 가진 부를 잘 활용하고 여가를 즐기는 것은 우리가 탓할 수 없는 그들의 자유입니다. 그러나 일반 회사원의 수입으로 수십만 원에서 수백만 원을 호가하는 호텔 스포츠센터 회원권을 1-2장씩 가지고 있다는 것은 문제가 아닐 수 없습니다. 샐러리맨들은 수입이 비슷합니다. 월수입과 별 차이가 나지 않는데도 부유층에나 어울릴 법한 값비싼 회원권을 여러 개 가지고 있다면 아무리 좋게 생각해도 부자연스럽습니다.

일부 호텔들은 아예 젊은층의 '귀족 신드롬'을 적극 활용한 고객 마케팅에 나서고 있습니다. E호텔은 연회비 19만 원대의 회원권을 구입한 직장인들에게 객실 사우나 등을 이용할 경우 30%대의 할인 혜택을 주어 인기를 끌고 있고, N호텔 고급바는 35만 원 상당의 양주를 마시면 즉석에서 객실 30% 할인 혜택을 주는 카드를 발급하고 있습니다. 이와 함께 몇 년 전까지 일부 상류층만 이용하던 호텔 결혼식이 일반화하는 추세로 자리잡고 있습니다. 불과 수년 전에 신혼부부에게 해외여행권을 무료로 제공하고 음식메뉴도 1만 원대로 책정하여 고객 끌기에 나섰습니다. 그런 호텔들이 최근에는 메뉴를 4-5만 원대로 올리고 부대 서비스도 줄였지만 결혼 예약 문의로 호황을 누리고 있습니다. 호텔 관계자는 "결혼식이 꾸준히 증가해 아예 호텔 연회장을 웨딩홀로 바꾸기 위해 현재 내부공사를 하고 있다."고 말했습니다. 뿐만 아니라 수입 명품 매장에는 세일에 돌입한 명품 브랜드를 비교적 값싸게 구입하려고 몰린 젊은 여성고객들로 인해 인기 품목은 이미 품절되었습니다. 백화점 관계자는 "수백만 원대 상품이 즐비하지만 없어서 못팔 지경"이라며, "인기브랜드의 경우 세일기간 매출액이 이전보다 4배 이상 오른 매장도 있다."고 말했습니다.

상황이 이렇다 보니 아예 값비싼 명품의 원단만 수입한 뒤 디자인을 모방해서 제작, 판매하는 의류점도 나오고 있습니다. 이 곳에는 '○○ 브랜드 옷처럼 만들어 달라.'는 주문을 받으면 이탈리아 등 외국으로부터 명품과 똑같은 원단을 수입, 제작하여 젊은 여성들의 폭발적인 인기를 끌고 있습니다. 현재 압구정동에는 이런 옷가게만 10여 군데 성업 중입니다. 젊은 여성들 사이에는 '명품계'도 등장하고 있습니다. 평소 구입하기 어려운 수입명품을 사기 위해 5-6명이 한 달에 10-20만 원씩 계를 부은 뒤 몰려다니며 명품을 구입하고 있습니다. 또한 동·서양 음식을 망라한 퓨전레스토랑과 고급차를 파는 호화카페가 지속적으로 늘고 있습니다. 카페는 대부분 100평이 넘는 공간을 갖추고 주말마다 파티를 벌이는 20-30대를 위해 20명 가량 수용할 수 있는 대형 룸도 구비하고 있습니다. 여기에서는 차 한 잔에 1만 원, 음식 한끼 5만 원 이상을 받는 카페들은 커피잔도 로얄본차이나, 웨지우드 등 영국제 최고급만을 사용하고 있습니다. A카페 주인은 "요즘 젊은 직장인들 사이에는 '어디에 새로운 카페가 생겼는데 끝내주더라.'는 식의 얘기가 자랑거리"라며, "값비싼 인테리어를 갖출수록 장사가 잘 돼 너도나도 고급스럽게 치장하고 있다."고 말했습니다.

이런 현상에 대해 전문가들은 명품을 구입하고 호화스러운 생활을 하면 자신도 상류층에 속할 수 있다는 이른바 '신데렐라 컴플렉스'의 일종으로 사치 향락성 소비문화를 부추기고 있다고 진단했습니다. "자신을 고급스럽게 포장하면 상류층과 똑같은 계층에 속할 것이라는 심리상태가 확산되고 있다."고 분석했습니다.

성경은 말씀합니다. "무지한 치리자는 포학을 크게 행하거니와 탐욕을 미워하는 자는 장수하리라"(잠 28:16), "부하려 하는 자들은 시험과 올무와 여러 가지 어리석고 해로운 정욕에 떨어지나니 곧 사람으로 침륜과 멸망에 빠지게 하는 것이라"(딤전 6:9)

2002. 2. 3. 목회칼럼

천사처럼 돈을 쓰고 싶은 사람

"사람의 재물이 그 생명을 속할 수는 있으나 가난한 자는 협박을 받을 일이 없느니라"(잠 13:8)

"돈을 천사처럼 쓰고 싶었다." 우리는 지난 주간에 아주 신선한 감동을 주는 기사를 읽었습니다. 그 주인공은 이종환(李鍾煥·79) 삼영화학그룹 회장입니다. 그는 3,000억 원의 사재(私財)를 출연하여 매년 150억 원을 장학금으로 지급하는 국내 최대 규모의 장학재단을 출범시킵니다. 이름은 재단법인 '관정(冠廷) 이종환 교육재단'입니다. 그는 오는 30일 오전 서울 프레스센터 국제회의장에서 출범식을 가지고, 322명의 대학생들에게 1인당 1,000만 원씩의 장학금을 수여한다고 밝혔습니다. 재단측은 "1인당 1,000만 원씩인 장학금 액수는 국내 최고액"이라며 "우수한 학생들이 경제적인 어려움 없이 학업에 열중토록 하자는 게 설립자의 뜻"이라고 말했습니다.

선뜻 거금을 내놓은 이 회장은 자신에게는 철저히 검소한 사람입니다. 경남 의령 출신으로 양복 한 벌로 십 수년을 버티고, 회사 업무는 10원짜리 하나까지도 꼼꼼히 직접 챙기는 검소한 스타일로 알려져 있습니다. 그는 연매출 2,600억 원에 이르는 중견기업의 오너지만 요즘도 점심 시간이면 직원들과 중국음식점에서 우동이나 자장면을 즐겨 먹습니다. 이 회장은 "돈을 벌 때는 '구두쇠' 소리 들어가며 힘들게 벌었지만, 쓸 때는 천사처럼 한번 써보고 싶었다. 사람을 키우는 일에는 돈을 아껴서는 안 된다."고 말했습니다. 이 회장은 평소 "나도 맨주먹으로 일어섰는데, 자식들에게도 전 재산을 물려주기보다 자립할 수 있는 최소한의 것만 남겨 줄 것"이라고 말해 왔습니다. 장학재단을 설립하는 것도 결국 이런 평소의 소신에 따른 것입니다.

그는 일본 메이지(明治)대학 전문부를 수료하고, 1959년 국내 최초의 플라스틱 석유화학제품 제조회사인 삼영화학을 세웠습니다. 관정교육재단은 이 회장이 출연한 3,000억 원대의 현금과 부동산에서 나오는 수익금 150억 원을 국내 장학금 30억 원, 해외유학 장학금 70억 원, 영재교육 및 주요대학 시설 지원 자금 40-50억 원 등으로 배분해서 사용할 계획입니다. 해외유학 장학생 100명은 올해에 선발하고, 내년에는 경남 마산에 영재고등학교를 설립해 300여 명의 학생 전원을 장학금으로 무상교육 시키기로 한다고 합니다.

사실 1억이란 돈도 보통 사람은 만져보기 어려운 큰돈입니다. 그런데 요사이 1억은 돈도 아닌 것처럼 보입니다. 1억을 가지지 못한 우리까지도 큰돈으로 보이지 않는 이유가 무엇입니까? 그 이유는 부패한 자들 때문입니다. 날마다 '억 억' 하는 기사가 그것도 깨끗지 못한 돈들이 지면을 수놓기 때문이 아니겠습니까? 단위가 1,000억으로 넘어간 사건의 시작은 80년대 초 한국사회를 송두리째 흔들어 놓았던 장영자 사건입니다. 그 후에 전직 대통령들이 천 억이 넘는 돈을 들게 한 장본인들입니다. 전·노 전 대통령들 때문에 1억은 돈도 아닌 것처럼 생각하게 만들어 버렸습니다.

그러나 사실 1억은 큰돈입니다. 그것을 벌어들이기도 어려운데 선뜻 남을 위해 내어놓는다는 것은 더 어렵습니다. 이런 가운데 한 기업인이 장학재단 설립을 위해 3,000억 원을 내놓았고, 익명의 팔순 할머니가 한 대학에 13억 원 상당의 재산을 쾌척했습니다. 이런 듣기 좋은 '억 억' 소리가 자주 나왔으면 좋겠습니다. 돈을 어떻게 버느냐는 중요합니다. 그리고 돈을 어떻게 사용느냐는 힘들게 번 그 돈의 가치를 결정하는 것이므로 더욱 더 중요합니다. '돈을 천사처럼 쓰고 싶은 마음을 가진 사람들이 많아지는 세상"을 기대해 봅니다.

성경은 말씀합니다. "어떤 사람은 그 심령의 모든 소원에 부족함이 없어 재물과 부요와 존귀를 하나님께 받았으나 능히 누리게 하심을 얻지 못하였으므로 다른 사람이 누리나니 이것도 헛되어 악한 병이로다"(전 6:2). 예수님은 이렇게 말씀하셨습니다. "오직 너희를 위하여 보물을 하늘에 쌓아 두라 거기는 좀이나 동록이 해하지 못하며 도적이 구멍을 뚫지도 못하고 도적질도 못하느니라"(마 6:20)

2002. 4. 28. 목회칼럼

밥퍼 운동 자원봉사자 외국인 교수

"가라사대 진실로 너희에게 이르노니 너희가 돌이켜 어린아이들과 같이 되지 아니하면 결단코 천국에 들어가지 못하리라"(마 18:3)

지난 19일 낮 12시 서울 청량리 부근 쌍굴다리에 노숙자와 혼자 사는 노인 등 100여 명으로 길게 줄이 늘어섰습니다. '밥 줄'이었습니다. 밥을 퍼 주는 자원봉사자는 10여 명인데 그들의 솜씨는 수준급으로 재빠르게 움직였습니다. 그런데 그 속에 파란 눈의 외국인 여자 한 명이 능숙한 솜씨로 주걱을 놀리고 있었습니다. 주인공은 한국외국어대 영어과 쉴라 콘웨이(Sheelagh Conway · 51) 교수입니다. 콘웨이 교수는 영국 옆의 작은 섬나라 아일랜드 출신입니다. 아일랜드도 슬픈 역사를 가진 나라입니다. 오랜 기간 영국에 점령되어 나라말을 잃고, 1800년대에 대기근을 겪어 인구의 절반가량이 오로지 '먹을 것을 찾아' 이민을 떠나야 했던 나라입니다. 그는 '차별과 궁핍'을 겪은 자신의 배경이 2002년 봄 서울의 구석진 한 거리에서 자신과 다른 피부색을 가진 사람들을 위해 서 있게 했다고 씩씩하게 말했습니다. 스스로 아픔을 겪어본 사람만이 남의 아픔을 제대로 이해할 수 있다는 뜻이라고 했습니다. '어디에서나 도움의 손길이 필요한 사람들을 위해 일해야 한다….' 이것이 그녀의 머릿속에서 떠나지 않는 원칙이었습니다.

그녀는 지난 96년 한국에 왔습니다. 낯선 곳에서 남을 돕는 일을 찾아내는 데는 수업시간이 제격이었습니다. 일부 불평을 하는 학생들이 있었지만 대부분은 콘웨이 교수의 말뜻을 잘 알아들었습니다. 4학년이 되어서도 콘웨이 교수를 위해 통역을 자청하거나 자원봉사활동에 몸을 던지는 학생들이 많았습니다. 이번 학기에도 그가 가르치는 10개 수업에서 모두 200여 명이 자원봉사에 나서고 있습니다. 졸업 후 직장에 다니면서 주말에 '밥퍼 행사'에 참여하는 사람도 있습니다.

밥퍼 역사는 오래 전부터 우리 나라에 있었습니다. 한양 사대문 사소문 앞이 노숙자의 잠자리인데 그 중에 동대문과 남대문 앞은 일거리를 찾아 시골에서 올라온 사람들로 수백 명을 헤아렸습니다. 북촌 양반들이나 황토마루의 중인들 가문에서는 이 성문 앞을 찾아다니며 노숙자들에게 밥 보시를 했습니다. 밥솥과 국솥을 숯불로 덥히게끔 된 밥수레를 끌고 와 "개천(청계천)변 천녕(川寧) 현씨(玄氏) 밥 보시요!" "교사동 김참판댁 밥 보시요!" 하며 밥을 퍼주었습니다. 더러는 빈대떡을 부쳐와 "떡 보시요!"를 외치며 던져주기도 했습니다. 이것은 전통사회의 도시형 밥퍼요, 시골에도 나름대로의 밥퍼 문화가 발달했었습니다.

지난 3월 성가복지병원에서 무의탁 환자들을 도와준 김정나(여·불어과 3년)씨는 콘웨이 교수에게 제출한 영문보고서에 이렇게 기록했습니다. "그날 팔과 다리를 쓸 수 없는 그들의 팔과 다리가 되어 주었다…. 그리고 나는 감사하는 마음을 얻었다…. 그래, 이게 인생이야. 앞으로 어떤 어려움이 닥쳐와도 이겨낼 수 있을 것 같다." 그러나 콘웨이 교수는 스스로를 '촉매제' 역할에 불과하다고 몸을 낮췄습니다. "절대로 제가 큰 일을 하는 것처럼 말하지 마세요. 저는 그냥 학생들이 자기 외의 다른 사람을 사랑하고 생각하도록 하는 일을 도울 뿐이에요. 열심히 자원봉사 하는 사람들에 비하면 저는 정말 아무것도 아닙니다."

그녀는 올해를 끝으로 외대 학생들과 함께 하는 봉사활동을 마감해야 합니다. 외국인 교수는 4년까지만 근무할 수 있게 되어 있는 교칙 때문입니다. 그렇다고 한국을 떠날 생각은 없습니다. 그녀는 아직 한국에서 해야 할 일이 많이 남아있다고 했습니다. "정유순(암환자)씨가 죽기 전에 약속을 했거든요. 정씨가 죽은 뒤에도 아이들을 돌봐주기로 말이죠. 그러려면 다른 직장을 알아봐야겠죠?" 외대를 떠나더라도 자기를 필요로 하는 곳이라면 혼자서도 자원봉사에 나서겠다고 말하는 그녀는 이 시대가 꼭 필요로 하는 사랑의 천사요, 우리가 본받아야 할 아름다운 모델이 아니겠습니까?

예수님은 말씀하십니다. "임금이 대답하여 가라사대 내가 진실로 너희에게 이르노니 너희가 여기 내 형제 중에 지극히 작은 자 하나에게 한 것이 곧 내게 한 것이니라"(마 25:40)

2002. 5. 5. 목회칼럼

13 하나님께 영광 돌린 최고의 골퍼 최경주

"자녀들아 너희 부모를 주 안에서 순종하라 이것이 옳으니라"(엡 6:1)

한국 선수로는 처음으로 PGA투어 대회를 제패한 최경주(32)는 "하나님께 영광을 돌린다."며 우승소감을 밝혔습니다. "기도를 많이 했는데 하나님께서 인도해주셔서 끝까지 흔들리지 않았습니다. 그 힘들다는 PGA대회를 데뷔 3년만에 우승해 감사하게 생각합니다. 처음 미국에 올 때 10년 내에 우승을 하겠다는 계획을 세웠는데 생각보다 빨리 찾아왔습니다." 그리고 인상적인 것은 그의 신발 뒤꿈치에 태극기를 붙이고 나온 것입니다. 그에 대해 "PGA 투어 무대에도 한국인이 있음을 널리 알리고 싶었습니다. 사실 지난해부터 골프백에 태극기를 자랑스럽게 달고 다녔습니다." 하고 말했습니다.

최경주가 받은 우승상금 81만 달러는 지난해 무려 29개 대회에서 벌어들인 총상금(800,326달러)을 단숨에 돌파한 것으로 현재 LPGA투어 상금 1위 아니카 소렌스탐(스웨덴)의 올시즌 누적액(566,580달러)보다도 훨씬 많습니다. 국내 골프 전문가들이 "PGA 1승이 LPGA 10승 이상의 가치가 있다."고 말하는 것도 이런 이유 때문입니다.

그는 힘들고 어려울 때마다 기도에 의지한 독실한 크리스천으로 알려져 화제가 되고 있습니다. 또한 그는 특히 불우이웃에도 남다른 관심을 가지고 버디샷 때마다 성금을 적립해 매년 이웃을 위해 내놓은 '사랑의 버디샷'으로 귀감이 되고 있습니다. 최경주는 중요한 시합을 앞두고 부인 김현정(31)씨와 함께 새벽기도를 드립니다. 맑은 정신으로 드리는 새벽기도는 그의 마음을 한결 가볍게 하며 잡념을 없애 시합에서 정신을 집중할 수 있는 능력을 가져다준다고 합니다.

최경주는 어릴 때 완도에서 화승교회에 다녔으며, 골프를 배우기 위해 고 1때 서울로 전학한 뒤에는 열심히 교회에 다니지 못하다가 부인 김씨를 만나면서부터 식었던 신앙에도 기운이 솟았습니다. 그는 김씨의 아름다운 생활자세와 내조하는 품세가 모두 하나님께 의지하는 신앙생활에서 나왔다고 보았습니다. 이번 PGA우승에는 부인 김씨의 신앙이 큰 역할을 했습니다. 가난하지만 강한 집념과 끈기, 그리고 자신의 직업에 긍지를 가지고 있던 최경주를 만나 그를 신앙으로 이끌었을 뿐 아니라, '내게 능력주시는 자 안에서 내가 모든 일을 할 수 있다'는 신념을 불어넣어 주었습니다. 특히 부인 김 씨는 항상 신앙의 반려자임을 다짐하고 남편이 힘들 때나 큰 대회를 앞두고 항상 기도하는 것을 생활화했으며, 남편 신앙의 반석이 되기도 했습니다. 최씨 역시 부인의 뜻에 따라 필드 어디에서나 주님의 은총을 간구하게 되었습니다. 최씨가 우승 첫 소감을 "하나님께 감사드린다."고 한 것도 타향살이의 설움과 시련을 신앙으로 극복한 데 대한 소회였습니다.

다부진 체격에 탱크 같은 풍모에서 부드러움을 찾기 어렵지만 주변에서는 사실 그의 심장은 아름답다고 말합니다. 최경주는 지난 97년부터 매년 연말이면 거금을 부스러기회에 기부해 왔습니다. 그 금액은 최선수가 대회에서 버디샷(기준 타수보다 한 타수 빨리 공을 홀에 넣는 것)을 기록할 때마다 2만 원씩 적립해 모은 것입니다. 부스러기 선교회는 이 돈으로 결손 가정의 아이 8명을 도와주고 있습니다.

그는 97년 결손가정 자녀를 후원하기 시작한 것은 당시 출산을 앞두고 있던 부인 김씨가 "우리 아기만 잘 키울게 아니라 부모 없는 아이들을 도와줘야겠단 생각이 든다."며 결연을 요청해 올 때부터였습니다. 그렇게 시작한 후원을 매년 한 명씩 늘려 현재는 8명의 학생들에게 생활비와 학비를 매달 지원하고 있습니다. 결연 학생의 어머니 수술비와 대학 등록금까지 전액 지원하고 있는가 하면 때로는 부모를 대신해 아이들과 함께 놀이공원에 가는 등 정성을 쏟았습니다. 3년 전 미국에 진출한 뒤 온갖 어려움을 겪으면서도 후원은 계속되었습니다. PGA 100년 사상 한국인으로는 최초, 아시아인으로는 3번째 우승한 최경주의 성공은 그의 신앙의 승리였습니다.

성경은 말씀합니다. "내가 비천에 처할 줄도 알고 풍부에 처할 줄도 알아 모든 일에 배부르며 배고픔과 풍부와 궁핍에도 일체의 비결을 배웠노라, 내게 능력 주시는 자 안에서 내가 모든 것을 할 수 있느니라"(빌 4:12-13)

2002. 5. 12. 목회칼럼

목숨과 바꾼 장애인 사랑 표병구 목사

"할렐루야, 여호와를 경외하며 그 계명을 크게 즐거워하는 자는 복이 있도다 그 후손이 땅에서 강성함이여 정직자의 후대가 복이 있으리로다"(시 112:1-2)

지난 5월 9일 새벽, 문 닫은 시골학교를 빌려 오갈 데 없는 장애인들을 돌보아오던 목사님 한 분이 불길에 휩싸인 이들을 구하기 위해 뛰어들었다가 함께 숨지는 사건이 발생했습니다. 충남 부여의 미신고 장애인 수용시설인 '임마누엘 복음 수양관'에서 발생한 화재 때문이었습니다. 관장 표병구(表炳九·62) 목사님과 함께 이곳에 수용됐던 장애인 박봉선(64), 이관용(55), 변영우(60)씨 등 모두 4명이 연기에 질식해 숨졌습니다. 불이 났을 당시 이 곳에는 표 목사와 장애인 19명이 잠을 자고 있었습니다. 표 목사는 황급히 각 방을 돌아다니며 잠들어 있던 장애인들을 깨워 밖으로 나가도록 했습니다. 상당수는 표 목사가 여러 차례 직접 부축을 하거나 업어서 대피시켰습니다. 표 목사는 숨진 박씨 등 미처 빠져나오지 못한 사람들을 구하러 불길 속으로 다시 뛰어들었다가 목숨을 잃었습니다. 표 목사는 지난 98년 사비를 들여

폐교된 송간초등학교 신왕분교를 임대해서 장애인 수용시설로 개조했고, 나이가 많고 오갈 데 없는 중증 장애인들을 무료로 돌봐왔습니다. 그나마 수양관을 운영해 온 표병구 목사(62)가 잠자던 장애인들을 서둘러 깨우고 대피를 도와 16명은 무사할 수 있었지만, 불 속에 남은 3명을 구하려고 다시 들어간 그는 끝내 빠져나오지 못했습니다. 표 목사에게 구출된 김옥경(42)씨는 "한밤중에도 각 방을 돌며 이불을 덮어주시던 자상한 분이었다."며 통곡했습니다.

이날의 불은 건물 내부 100여 평을 모두 태워 1,200만 원 상당의 재산피해를 낸 뒤 1시간 20분만에 진화됐습니다. 참으로 안타깝고도 고귀한 희생입니다. 미신고 시설이라는 이유로 당국의 지원을 받지 못하던 수양관이었습니다. 표 목사는 개인사업을 하다가 장애인을 위해 헌신하기로 작정하고 1998년부터 이 수양관에서 장애인과 치매환자들을 돌보아왔다고 합니다.

뒤늦게 신학대학을 졸업하고 지난해 목사 안수를 받은 그는 수양관 한쪽에 예배실을 만들고 장애인들과 함께 기거해왔습니다. 부인이 암으로 투병해왔지만 이를 주위에 알리지 않고 장애인들의 수발을 들어온 분이었습니다. 주위의 후원이 충분하지 못해 텃밭을 일궈가며 어렵게 수양관을 운영할 수밖에 없었습니다. 자선시설이지만 표 목사의 소유가 아니라 폐교를 임대한 건물이어서 인가가 나지 않았다는 것입니다.

화재는 밤 기온이 떨어져 난로에 장작불을 피웠다가 발생한 것으로 분석되고 있습니다. 열악한 시설일수록 지원이 더욱 절실한 법입니다. 이번 일을 계기로 정말 누구를 먼저 도와야 하며 어디에 후원을 할 것인가를 생각해야 합니다. 그리고 안전 시설 점검에 좀더 철저했더라면 하는 아쉬움이 남습니다. 당국의 무관심이나 행정 절차의 문제를 따지기보다 우리 모두가 장애인과 불우이웃을 돕는 일에 좀더 관심을 기울이고 성의를 다하지 못한 것을 깊이 자책하는 기회가 되어야 할 것입니다.

국민 일보에서는 불우 이웃을 돕기 위해 헌신적으로 노력하는 분들을 널리 알리고자 '선한 이웃 좋은 세상'이라는 기획을 마련하고 표 목사를 주인공으로 추천을 받았지만, 안타깝게 인터뷰가 성사되기 직전에 참사가 발생했습니다. 그러나 표 목사의 장애인 사랑과 희생 정신은 타오르는 불길 속에서 더욱 뚜렷한 각인으로 남았습니다. 그리스도의 사랑 실천을 몸소 보여 준 귀한 삶을 우리 모두가 본받고, 우리 주위의 불우 이웃을 돌아보며, 장애인에 대한 많은 관심을 가져야 할 것입니다.

예수님은 말씀하셨습니다. "네 의견에는 이 세 사람 중에 누가 강도 만난 자의 이웃이 되겠느냐 가로되 자비를 베푼 자니이다 예수께서 이르시되 가서 너도 이와 같이 하라 하시니라"(눅 10:36-37)

2002. 5. 19. 목회칼럼

3부

1. 1등 신랑감
2. 미국인은 결코 진주만을 잊지 않습니다
3. 복권
4. 우리는 장애인들을 통해서 배워야 합니다
5. 저도 구원받고 싶습니다
6. 기억에 남는 아름다운 여성
7. 여자들은 왜 점을 보러 갈까?
8. 죽어서도 화제를 남긴 영국 마거릿 공주
9. 주님은 부활하셨습니다
10. 원수를 용서함으로 복수한 미국계 유대인 여성
11. 감동 있는 만남을 준비합시다
12. 아시아 20大 영웅에 선정된 젊은이
13. 현대판 고려장
14. 월드컵을 통한 감사

1 1등 신랑감

1등 신랑감은 살아가면서 만들어지는 것입니다. 누구든지
1등 신랑감이 될 수 있습니다.

우리 사회에서 인기 있는 1등 신랑감은 어떤 사람들입니까? 여전히 의사, 변호사, 회계사 등 '사' 자가 든 전문직이 1등 신랑감으로 꼽히고 있습니다. 한 결혼정보업체가 최근 24-33세 미혼여성 500명을 대상으로 조사한 결과도 역시 그렇게 확인되었습니다. 그 다음으로는 공무원, 공기업 직원, 외국계 회사원, 자영업 순이었습니다. 1년 전에는 벤처 열풍에 밀려 전문직이 벤처 정보 통신업계에 1위 자리를 내주었으나, '진승현 게이트' 등으로 벤처업이 찬바람을 맞는 바람에 '사' 자가 든 전문직이 다시 최고 신랑감으로 복귀했습니다. 안정된 직업으로 최근 5년간 줄곧 2-3위를 차지했던 금융계는 구조조정 바람에 하위로 밀렸습니다.

IMF 한파 등 세태 변화에 따라 신랑감 순위가 뒤바뀌는 것을 보니 인간의 특권인 사랑은 온데 간데 없고, 오직 안정위주

와 물질주의가 대세를 결정짓는 것 같아 마음이 편치 않습니다. 배우자 선택의 표준이 물질과 권세, 그리고 안정적인 것만 찾는다면 이것이 바로 이기적이고 타산적인 것이 아니겠습니까? 오래 전에는 목사는 맨 뒤에서 두세 번째였습니다. 그런데 세월이 지나다 보니 목사가 신랑 후보로 당당하게 상위권 서열에, 그것도 앞자리에 서게 되었다고 합니다. 역시 목사의 생활이 예전에 비해 존경받고 안정되었다고 생각해서 그런가 싶습니다. 그렇다면 무엇이 잘못 되어도 한참 잘못되었습니다. 목사는 사명 받은 사람입니다. 물질이 많고 적음이 아니라 사람의 영혼을 살리는 아주 중요한 직분입니다. 어떻게 물질로 따질 수 있겠습니까?

오래 전 어느 지방에서 대학을 졸업한 아내가 초등학교 출신인 남편을 입신 출세시킨 것이 화제가 되었던 적이 있었습니다. 중매로 결혼했던 아내는 남편이 미국 유학까지 마친 것으로 알았으나 뒤늦게 속은 줄 알고 낙담했습니다. 그러나 그 아내는 가족과 친구들에게 이 사실을 숨긴 채 뒷바라지에 나섰습니다. 가계를 도맡으며 남편이 검정고시를 거쳐 대학을 마치고 마침내 유학을 다녀오게 했습니다. 결혼생활의 행·불행이 당사자들의 마음가짐과 노력 여하에 달린 것은 만고불변의 진리입니다.

그러나 의사 사위를 보려면 아파트, 승용차, 병원 열쇠 3개를 준비해야 된다고들 하지 않나, 혼수를 적게 해왔다고 구박을 주다 못해 원수처럼 갈라서는 경우도 흔히 봅니다. 딸의 혼수 걱정을 하다가 스스로 목숨을 끊는 부모도 나타나고 있습니다. 이것은 분명히 정상은 아닙니다. 잘못되어도 한참 잘못된 우리의 관습입니다. 서양 속담에 이런 말이 있습니다. "똑똑한 여자는 때때로 어리석은 남자와 결혼한다. 결혼의 성공은 적당한 짝을 찾는 것보다 적당한 짝이 되는 데 있다."

1등 신랑감을 현재의 위치나 수입으로 결정하는 것은 잘못된 것입니다. 지금의 그 자리가 평생 간다는 보장도 없으며, 노력 없이 그 자리만으로 1등 신랑감이라는 말을 들어서도 안 됩니다. 1등 신랑감은 생태적인 것이 아닙니다. 만들어지는 것입니다. 1등 신랑감은 살아가면서 만들어지는 것입니다. 누구든지 1등 신랑감이 될 수 있습니다.

성경은 말씀합니다. "남편들아 아내 사랑하기를 그리스도께서 교회를 사랑하시고 위하여 자신을 주심같이 하라"(엡 5:25)

2001. 4. 1. 마하나임 칼럼

2. 미국인은 결코 진주만을 잊지 않습니다

남북의 평화에는 그 누구도 이의를 달 수 없습니다. 그러나 우리는 지킬 것은 지키고 기억할 것은 기억해야 진정한 남북이 하나가 될 수 있습니다.

우리가 잊어야 할 것을 잊어버리는 것은 축복입니다. 그런데 잊어서는 안될 것을 잊어버려서는 안됩니다. 우리는 6·25를 너무 쉽게 잊어버리는 반면에 미국인은 결코 잊어버리지 않는 것이 있습니다. 그것은 진주만 사건입니다. 미국 하와이 진주만에 '애리조나 기념관'(Arizona Memorial)이 있습니다. 이것은 지난 1941년 12월 7일, 일본군의 진주만 폭격으로 침몰한 미국 전함 애리조나호에 탑승했다가 사망한 미군 1,177명을 위해 세워진 기념관입니다. 미국은 침몰된 애리조나호와 병사들의 시신들을 인양하는 대신, 바로 그 위에 이 기념관을 세워 '치욕의 날'을 깊이 상기시키고 있습니다. 이 애리조나 기념관을 방문하는 사람들은 뭉클한 감동을 느끼게 됩니다. 나라를 위해 목숨을 바친 국가유공자들을 정부와 국민은 어떻게 기려야 하며, 자라나는 후손들에게는 어떻게 가르쳐야 하는지를 보여주고 있습니다.

기념관과 해안에 위치한 박물관 관람은 무료입니다. 그러나 방문객들은 기념관으로 가는 왕복선에 오르기 전에 의무적으로 진주만 공습 기록영화를 20분간 관람해야 합니다. 영화가 시작되기 전, 안내를 맡은 미 흑인 병사는 "당신들은 이곳에 관광하러 온 것이 아니다."라고 강조합니다. 왕복선에서는 시종 추모곡이 흘러나옵니다. 기념관은 거대한 추모장이나 다름없습니다. 사망자 전원의 이름과 계급을 동판으로 새겨 그들 모두를 역사의 한 페이지 위에 올려놓고 있습니다. 미국인 방문객들은 애리조나 기념관의 바다 속 유리창을 통해 애리조나호의 잔해를 보며 애도를 표합니다. 방문객이 기념관에서 휴대전화로 통화하자, 해군 병사가 달려와 전화기를 빼앗을 정도로 엄숙한 분위기가 유지되고 있습니다. 캘리포니아에서 왔다는 한 미국인 방문객은 자신의 아들에게 "이런 분들의 희생으로 오늘의 미국이 있을 수 있었다."고 설명합니다.

우리는 어떻습니까? 우리의 6·25는 지금 어떻습니까? 남북의 평화에는 그 누구도 이의를 달 수 없습니다. 그러나 우리는 지킬 것은 지키고 기억할 것은 기억해야 진정한 남북이 하나가 될 수 있습니다. 우리는 잊어서는 안될 것은 항상 마음 속에 새겨야 합니다. 우리의 어려웠던 시절을 기억해야 합니다. 하나님의 크신 은혜를 기억해야 합니다. 감격적인 기도의 응답을 잊어서는 안됩니다. 그리스도의 십자가를 잊어서는 안됩니다. 죄 사함을 받은 감격을 잊어서는 안됩니다. 우리에게 사랑을 베푼 자들을 잊어서는 안됩니다.

성경은 말씀합니다. "내가 오늘날 네게 명하는 여호와의 명령과 법도와 규례를 지키지 아니하고 네 하나님 여호와를 잊어버리게 되지 않도록 삼갈지어다 네가 먹어서 배불리고 아름다운 집을 짓고 거하게 되며 또 네 우양이 번성하며 네 은금이 증식되며 네 소유가 다 풍부하게 될 때에 두렵건대 네 마음이 교만하여 네 하나님 여호와를 잊어버릴까 하노라 여호와는 너를 애굽 땅 종 되었던 집에서 이끌어 내시고 너를 인도하여 그 광대하고 위험한 광야 곧 불뱀과 전갈이 있고 물이 없는 건조한 땅을 지나게 하셨으며 또 너를 위하여 물을 굳은 반석에서 내셨으며 네 열조도 알지 못하던 만나를 광야에서 네게 먹이셨나니 이는 다 너를 낮추시며 너를 시험하사 마침내 네게 복을 주려 하심이었느니라"(신 8:11-16)

2001. 7. 1. 마하나임 칼럼

3 복권

돈은 불과 같다는 말이 있습니다. 즉 인격자의 주머니에서는 밝은 빛을 발하지만 미숙한 사람의 주머니에서는 화재를 일으킨다는 말입니다.

복권을 즐기는 사람이 늘고 있습니다. 당첨을 기대하는 묘한 흥분과 심리는 형언키 어렵습니다. 혹자는 '재미'로 한다고 말합니다. 그러나 그 밑바탕에는 한탕의 욕심이 짙게 깔려 있습니다. 이른바 '대박의 꿈'입니다. 뉴스 기사에는 한 달 수입의 10%를 복권을 사는데 투자하는 사람도 있다고 경계를 고합니다.

복권 애찬론자들의 말은 이렇습니다. "인간은 태어날 때부터 불평등하다. 인간 위에 인간 없고 인간 아래 인간 없다고 하지만, 이것은 말뿐이고 실제 인간은 법 앞에서조차 평등하지 않다. 돈 많고 '빽' 좋은 사람은 감옥에 잘 가지도 않을 뿐만 아니라 가게 되더라도 곧 나온다. 게다가 외모로 인한 불평등은 정말 억울하다. 정우성은 나보다 공부도 못하는데 잘생겼다는 이유만으로—물론 그것이 다는 아니지만—많은 돈을 벌고 스타가 되었다. 심은하도 인간성이 어떤지 모르지만 예쁘다는 이유만으로 세상에서 성공했다. 그런데 정우성이나 심은하가 노력해서 잘 생기고 예뻐진 것인가? 아니다. 타고난 것이다. 이런 불평등이 어디에 있나! 부모는 어떠한가? 어떤 이는 부자고 교양 있는 부모 밑에서 태어나고, 어떤 이는 가난하고 폭력적인 부모 밑에서 태어난다. 부모가 인생에 끼치는 영향을 생각해보면 불평등 해소는 참으로 어렵다. 살다 보면 인간이 평등하지 않다는 것을 거의 누구나 알게 된다. 현실적인 난관에도 불구하고 평등해지고 싶다는 욕구는 잠재워지지 않는다. 우리 같은 서민이 어떻게 평등을 맛볼 수 있을까? 나는 복권이 하나의 방법이라고 여긴다. 왜냐하면 복권에서 당첨되는 것은 자신의 능력이나 집안 배경이나 생김새와 전혀 관련이 없기 때문이다. 오로지 운이다. 당첨이 오직 운에 달려 있기 때문에 복권을 긁는 그 순간만은 세상의 온갖 불평등에서 벗어나 평등을 맛보게 된다." 과연 이 말이 옳겠습니까?

복권의 역사는 매우 깁니다. 진시황이 만리장성을 쌓기 위해 복권을 팔았다는 이야기가 있습니다. 로마의 초대 황제인 아우구스투스와 5대 네로는 추첨을 통해 연회 참석자들에게 상품을 주거나, 땅이나 노예나 선박 등을 나눠주기도 했다는 기록도 있습니다.

복권은 양면성을 지녔습니다. 사행심을 조장하고 서민들의 푼돈을 착취하는 준조세라는 비난은 역기능입니다. 반면 각종 기관이 복지기금을 충당하고 개인이 재기의 기틀을 마련한다면 이는 순기능입니다. 그러나 거액의 복권당첨이 행복은커녕 인생을 망치는 경우도 많습니다.

미국에서는 240억 원의 당첨자가 11년만에 빈털터리가 되었습니다. 1억 원에 당첨된 서울의 한 노점상인은 방탕한 생활 끝에 이혼을 당하는 등 패가망신했습니다. 부산 기장군 안모(50)씨 가정도 마찬가지입니다. 아내가 지난해 2억 3천만 원을 횡재했습니다. 부부는 상의 끝에 1억 2천만 원으로 농장과 낚싯배를 구입했습니다. 나머지는 아내의 통장에 입금했습니다. 이후 둘은 씀씀이가 커졌고, 1년도 못 가서 무일푼이 되었습니다. 생활에 쪼들린 아내는 가출했고, 8개월만에 집으로 돌아왔습니다. 화가 난 남편은 아내의 온몸을 칼로 찔러 중상을 입히고 구속되었습니다. 이 가정은 풍비박산이 되었습니다. 결국 복권 때문에 불행이 온 것입니다.

돈은 불과 같다는 말이 있습니다. 즉 인격자의 주머니에서는 밝은 빛을 발하지만 미숙한 사람의 주머니에서는 화재를 일으킨다는 말입니다. 수고 없이 얻는 일확천금은 결국 우리를 나태하게 만들고, 가치관을 흐리게 하고, 향락을 추구하게 되고, 결국 불행을 초래하고 맙니다. 문제는 욕심입니다. 비록 적더라도 떳떳한 수입이 가치가 있고 보람과 성취감을 줍니다. 그 속에서 희망을 이루어가야 합니다.

성경의 가르침은 자족하는 생활입니다. "내가 궁핍하므로 말하는 것이 아니라 어떠한 형편에든지 내가 자족하기를 배웠노니 내가 비천에 처할 줄도 알고 풍부에 처할 줄도 알아 모든 일에 배부르며 배고픔과 풍부와 궁핍에도 일체의 비결을 배웠노라 내게 능력 주시는 자 안에서 내가 모든 것을 할 수 있느니라"(빌 4:11-13)

2001. 7. 29. 마하나임 칼럼

4 우리는 장애인들을 통해서 배워야 합니다

공평하신 하나님이
나 남이 가진 것 나 없지만
나 남이 없는 것을 갖게 하셨네

이 장애인이면서 다른 장애인의 자서전을 번역한 사람이 있습니다. 바로 김진희씨입니다. 젊은 나이에 교통사고로 한쪽 다리를 잃고 장애인 운동에 뛰어든 한국 여성이 '닮은 꼴 비극'을 경험한 영국의 장애인 운동가 헤더 밀스(33)의 자서전 '내 운명의 창고에 들어있는 특별한 것들'을 번역해냈습니다. 밀스는 노숙자 웨이트리스를 전전하는 불우한 10대 시절을 보내다가 일류 패션모델로 성공했지만, 93년 교통사고로 한쪽 다리를 잃고 전쟁 지역에 의족을 보내는 장애인 운동가가 되었습니다. 최근에는 비틀스 멤버였던 폴 매카트니(59)와 약혼해서 화제를 낳았습니다.

김진희씨 역시 경기도 의정부에서 미술학원을 운영하다가 출근길에 승용차가 중앙선을 넘어온 트럭에 부딪혀 오른쪽 무릎 아래를 잃고, 약혼자와 헤어진 후 장애인 재활 전문 웹사

이트(www.uk-ortho.co.kr)를 운영하며 장애인 인권 찾기 활동에 나서게 되었습니다.

김씨가 밀스의 책을 처음 접한 것은 지난 1999년 말 영국의 재활 전문 클리닉에서였다고 합니다. 김씨는 "사고 후 난간을 짚는 것을 깜박 잊고 바닥에 넘어질 때마다 내게 일어난 일을 실감했다는 구절을 읽으며 울었다."고 했습니다. 김씨는 밀스에게 이메일을 보냈고, 이어 지난해 5월 영국에서 밀스와 만나 같은 아픔을 가진 장애인으로서 격려를 받고 책 번역에 합의했습니다.

우리가 잘 아는 시인 송명희(36)씨는 뇌성마비 장애인입니다. 그녀는 태어나서부터 지금까지 단 한 차례도 제대로 몸을 가누지 못했습니다. 아무리 고개를 똑바로 하고 싶어도 자꾸 옆으로 기울어집니다. 악성 목디스크까지 발병해 움직일 수 없는 상태가 되었습니다. 그녀는 시인입니다. 정상인이 아닌 뇌성마비 장애인이 몇 줄 썼기 때문에 동정하는 뜻에서 시인이라고 부르는 것이 아닙니다. 그녀는 어떤 훌륭한 시인도 표현하지 못한 하나님의 세밀한 사랑을 그려내는데 탁월한 시인으로 평가받고 있습니다.

> 나 가진 재물 없으나
> 나 남이 가진 지식 없으나

나 남에게 있는 건강 있지 않으나
나 남이 갖고 있지 않은 것 가졌으니
나 남이 보지 못한 것을 보았고
나 남이 듣지 못한 음성 들었으며
나 남이 받지 못한 사랑 받았고
나 남이 모르는 것 깨달았네
공평하신 하나님이
나 남이 가진 것 나 없지만
나 남이 없는 것을 갖게 하셨네

그녀의 대표작이라 할 수 있는 시 '나'는 그녀의 신앙고백입니다. 그녀는 태어나기 전부터 뇌성마비 장애아였습니다. 의사가 태아의 뇌를 집게로 잘못 건드려 소뇌가 손상되었습니다. 신체의 움직임을 조절하는 소뇌가 제 기능을 하지 못해 그녀는 일생동안 뇌성마비 장애인으로 살게 되었습니다. 뇌성마비 장애인인데다 찢어지게 가난한 집안형편으로 분유 한통 제대로 먹을 수 없었던 그녀는 일곱 살 때까지 누워 있어야만 했습니다. 열 살이 넘어서야 밥숟가락을 스스로 쥘 수 있게 되었습니다. 아버지는 결핵에 시달렸습니다.

어느 것 하나 '공평하다'는 말이 나올 수 없는 절망적인 상황이었습니다. 인간적으로 볼 때 그녀는 가장 불공평한 삶을 부여받았습니다. 신으로부터 버림받은 것처럼 보이는 그녀는, 그럼에도 불구하고 "하나님은 공평하시다."고 외칩니다. 그리고 공평하신 하나님을 찬양하며 지금까지 살아왔으며, 앞으로도 생명이 다하는 날까지 하나님께 영광을 돌리겠다고 말합니다.

성경은 말씀합니다. "그런즉 너희가 먹든지 마시든지 무엇을 하든지 다 하나님의 영광을 위하여 하라"(고전 10:31)

2001. 8. 5. 마하나임 칼럼

5 저도 구원받고 싶습니다

우리 주위에는 구원받기를 원하는 사람들이 많습니다. 우리는 이들에게 복음을 전해 주어야 합니다. 그들은 영원한 생명, 영원한 축복을 모르고 살아가고 있습니다.

존이라는 청년이 있었습니다. 이 청년은 하나님의 도우심으로 성공하여 잘 살아가는 그리스도의 착실한 증거자인 한 그리스도인의 자가용 운전기사였습니다. 이 자가용 주인은 존과 가끔씩 그의 영혼, 그리스도를 영접해야 할 필요성, 그리고 내세에 대한 얘기를 주고받았습니다. 어느날 주인은 주의 다시 오심을 기다리는 귀한 소망에 관한 얘기를 하면서 그에게 말했습니다. "여보게, 주님께서 오시면 자네 내 차를 가지게나." 이에 존은 기뻐서 정중하게 감사의 뜻을 표했습니다. 이에 주인은 덧붙였습니다. "그리고 그땐, 존 자네 부인을 데리고 넓고 좋은 우리 집에 와서 살도록 하게." 다시 한번 존은 열띤 목소리로 대답했습니다. "감사합니다!" 그의 주인은 주 예수님께서 오시면 자기의 모든 재산과 토지를 다 가져도 좋다는 말까지 덧붙였습니다. 존은 무척이나 좋아하면서 자기 아내에게 주인이 한 얘기를 말했습니다. 부부는 이 말을 듣고 맘이 들떴습니다.

그러나 그것이 의미하는 바를 깨닫지 못한 존은 잠자리에 들었으나 잠을 이룰 수가 없었습니다. 한밤중에 그는 자리를 차고 일어나 자기 주인의 집으로 달려가서 문을 두드렸습니다. 이에 주인이 나와 누구냐고 물었습니다. "접니다. 당신 운전사예요." "자네 이 밤중에 웬일인가?" "아, 선생님. 그 자동차 전 싫습니다." "여보게, 자동차가 싫다고? 왜 그러지?" "당신의 그 집도, 당신의 그 돈도, 그리고 당신의 그 넓은 땅도 다 싫습니다." "그럼, 자네가 원하는 게 뭐란 말인가?" "저는 구원받기를 원합니다. 그래서 저도 당신처럼 다시 오실 주님을 맞이할 준비를 하고 싶습니다."

우리 주위에는 구원받기를 원하는 사람들이 많습니다. 우리는 이들에게 복음을 전해 주어야 합니다. 그들은 영원한 생명, 영원한 축복을 모르고 살아가고 있습니다. 금번 전도 잔치에 우리를 향해 복음을 전해 주기를 기다리는 영혼들을 외면해서는 안됩니다. 그들을 생각하고 찾아보아야 합니다. 그리고 사랑을 베풉시다. 그리고 초청합시다. 그들에게 가장 필요한 것은 복음입니다.

성경은 말씀합니다. "가로되 주 예수를 믿으라 그리하면 너와 네 집이 구원을 얻으리라"(행 16:31), "우리가 아직 죄인

되었을 때에 그리스도께서 우리를 위하여 죽으심으로 하나님께서 우리에게 대한 자기의 사랑을 확증하셨느니라"(롬 5:8)

2001. 10. 30. 마하나임 칼럼

기억에 남는 아름다운 여성

"감사를 아는 사람은 다른 사람의 유익을 위해 산다. 더 중요한 것은 이런 철학을 가지고 사는 사람은 자기 자신이 달라진다."

영국에서 존경받는 아름다운 여성이 있습니다. 런던 출신의 배로니스 버딧카우츠(1814-1906)는 엄청난 재산을 물려받은 상속녀였습니다. 찰스 디킨스의 친구이기도 했던 그녀는 그 재산을 몽땅 자선사업에 사용했습니다. 영국의 빈민층 주택건설 같은 일상적인 자선은 말할 것 없고, 가난한 터키 농부 돕기, 예루살렘 측량사업 지원, 나이지리아에 목화씨 보내기, 호주 원주민 보호재단 설립, 심지어 개들을 위한 음료수대 설치에 이르기까지 자선목록은 끝이 없었습니다. 빅토리아 여왕은 그녀에게 파격적으로 작위를 수여했으며, 그녀는 죽어서 웨스트민스터 사원에 묻히는 영광을 누렸습니다.

서구사회에서 자선과 기부는 어려서부터 몸에 배는 자연스러운 덕목입니다. 부자에서 평범한 월급쟁이까지 가난한

3부 139

이웃을 돕는 것을 당연한 의무로 알고 살아갑니다. 록펠러가 생애 최초의 자선을 한 것은 16세 때인 1855년이었습니다. 그 후 62년간 죽을 때까지 그가 기부한 총 금액은 531,326,842달러였습니다. 강철왕 카네기는 도서관과 각종 연구프로젝트, 세계 평화 기여금으로 3억 3천 달러를 기부했습니다. 당장 현금이 없는 사람들은 자신의 재능을 사회에 환원하기도 합니다. 성냥을 발명한 존 워커나 라듐 제조방법을 발명한 퀴리 부부는 특허를 내지 않았습니다. 퀴리 부부는 "라듐의 소유자는 지구이며, 아무도 그것으로부터 이득을 취할 권리가 없다."고 말했습니다. X-레이를 발견한 뢴트겐도 상업적 응용을 거부해 가난하게 살다가 죽었습니다. 어니스트 헤밍웨이는 자기가 살던 쿠바의 버진 성당에 노벨상 상금을 기부하며 이렇게 말했습니다. "당신이 무엇인가를 소유했음을 알게 되는 것은 그것을 누군가에게 주었을 때이다." 어떤 사람이 환한 얼굴을 하고 있어 주위 사람들이 그 까닭을 물었더니 "얼마 전 중증장애인 단체에 가서 자원봉사를 하고 왔다가 너무 피곤해 그대로 잠이 들었는데 다음날 일어나니 저도 모르는 기쁨이 솟아나지 뭡니까? 참 신기한 일이었습니다. 남을 도왔더니 제가 살아났습니다. 이 기쁨을 그동안 잊고 살았습니다." 하고 대답했습니다.

윌리엄 제임스의 말입니다. "감사를 아는 사람은 다른 사람의 유익을 위해 산다. 더 중요한 것은 이런 철학을 가지고 사는 사람은 자기 자신이 달라진다."

성경은 말씀합니다. "너희 소유를 팔아 구제하여 낡아지지 아니하는 주머니를 만들라 곧 하늘에 둔 바 다함이 없는 보물이니 거기는 도적도 가까이하는 일이 없고 좀도 먹는 일이 없느니라"(눅 12:33), "그러므로 구제할 때에 외식하는 자가 사람에게 영광을 얻으려고 회당과 거리에서 하는 것같이 너희 앞에 나팔을 불지 말라 진실로 너희에게 이르노니 저희는 자기 상을 이미 받았느니라"(마 6:2), "우리에게 주신 은혜대로 받은 은사가 각각 다르니 혹 예언이면 믿음의 분수대로, 혹 섬기는 일이면 섬기는 일로, 혹 가르치는 자면 가르치는 일로, 혹 권위하는 자면 권위하는 일로, 구제하는 자는 성실함으로, 다스리는 자는 부지런함으로, 긍휼을 베푸는 자는 즐거움으로 할 것이니라"(롬 12:6-8)

2001. 12. 30. 마하나임 칼럼

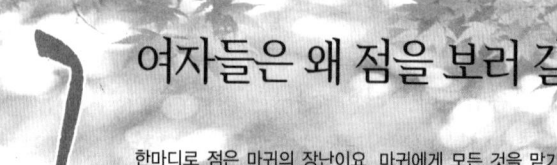

7 여자들은 왜 점을 보러 갈까?

한마디로 점은 마귀의 장난이요, 마귀에게 모든 것을 맡기는
어리석은 짓이요, 결국은 하나님을 대항하는 것입니다.

연초에는 대개 운수를 보고 기분이 우울할 때도 점을 보러 갑니다. 서울 강남구 압구정동 갤러리아 백화점 뒤편은 1998년 경부터 들어서기 시작한 점술카페가 현재 25개를 넘어 '점술밸리'로까지 불립니다. 서울 곳곳에 4개의 지점을 둔 '프랜차이즈'형 점집도 있습니다. 미국 펜실베이니아 대학, 일본 와세다 대학, 서울의 명문대학을 나온 엘리트 역술인들이 영어를 섞어가며 상담을 해주기도 합니다. 복채도 상대적으로 저렴합니다. 보통 3만-5만 원 하는 일반 역술원과는 달리 카페형 점집에서는 1만-1만 5천 원이면 차 한 잔과 함께 점을 볼 수 있습니다. 웬만한 인터넷 점술사이트에서는 사주는 1,200원, 토정비결은 1,500원, 궁합은 700원이면 가능합니다. -점 열풍은 인터넷이 진원지입니다. 이름을 꼽을 수 있는 점술 사이트만도 100여 개가 넘습니다. "여자 고객이 70-80%입니다. -남자 고객은 여자 친구의 손에 이끌려 오는

경우가 대부분"이라고 말했습니다. "다른 철학관에 비해 여자가 적은 편인데도 60%는 넘는다."고 합니다.

요즘 점집의 특징은 고학력 여성들이 많이 찾는다는 것입니다. 명문대 법과대학을 나와 사법고시와 유학을 두고 진로를 고민하던 김(30)씨, 수억 원을 주무르는 펀드매니저 윤모(29)씨는 역술원 단골 여성 고객입니다. 남편이 자신을 돈 벌어다 주는 기계로 생각하는 것 같아 괴롭다는 여의사들이나, 여성 전문직들도 자주 찾는다고 합니다.

여성들이 왜 유독 점을 좋아할까요? 한 정신과 의사는 "여성들은 감성적인 뇌가 발달해 있다. 상대적으로 남성에 비해 매사에 불안이 많은데다 자신의 어려움을 털어놓고 도움을 구하는데 주저하지 않는다."고 분석합니다.

젊은 여성들이 점을 통해 얻고자 하는 것은 미래에 대한 예측이라기보다는 자신에 대한 정보입니다. 여기저기 정보는 흘러 넘치지만 정작 자신에 대한 것은 없기 때문입니다. 점술 왕국 모 원장은 "점은 일종의 일기예보와 같다. 불확실한 세상에서 나를 정확히 알고 1%의 성공 가능성이라도 건져 보려는 심리"라고 말합니다.

이전에 비해 중요한 결정을 내려야 할 일들이 많아진 현대

여성들이 결정의 일부를 점에 맡김으로써 부담과 두려움을 줄여보려는 심리도 있습니다. 점을 보러 오는 여성들의 최대 관심사는 역시 '남자'입니다. 인터넷 점술사이트 '사주닷컴'에 따르면 배우자 및 이성문제가 32.8%로 1위입니다. 그러나 칼자루는 분명 여자들에게 넘어갔습니다. "이 남자가 나를 좋아할까요?" 하고 묻는 대신, "남자 서너 명의 사주를 들고 와서 어떤 남자가 내 운세를 펴는데 도움이 될까요?" 하고 묻는다고 합니다. 일일이 사람을 사귀는데 드는 시간과 노력이 아까워 미리 맞는 남자를 골라 사귀겠다는 심산입니다. 한 여성은 여러 남자 중 '마음이 맞는 남자' 대신 '관운과 재물운이 있는 남자'를 골랐다고 합니다. 그녀는 이렇게 잘라 말했습니다. "사랑은 사랑으로 끝내겠다." 그렇지만 '취직 대신 결혼이나 하겠다'는 사람은 찾을 수 없을 정도로 직업에 대한 성취 욕구도 대단합니다. 도화살이나 역마살 같은, 과거에는 팔자 센 여자의 상징이었던 운세들도 직업 선택에 적극적으로 이용합니다.

기혼 여성들 중 상당수는 불륜을 거리낌없이 털어놓습니다. 주요 관심사는 '어떤 남자가 좋을까?'와 '어떻게 하면 안 들킬까?'였습니다. 한 역술인은 "경제난 때문인지 최근 1-2년은 좀 덜했지만 그 전만 해도 기혼 여성이 40%에 달했다."고 말합니다. 그는 "남편 사주 밑에 또 다른 남자 사주를 적어내는 손님도 있다."고 말했습니다.

요즘 여자들 정말 대단합니다. 한마디로 점은 마귀의 장난이요, 마귀에게 모든 것을 맡기는 어리석은 짓이요, 결국은 하나님을 대항하는 것입니다. 참된 미래는 어디에 있습니까?

성경은 말씀합니다. "아무것도 염려하지 말고 오직 모든 일에 기도와 간구로 너희 구할 것을 감사함으로 하나님께 아뢰라 그리하면 모든 지각에 뛰어난 하나님의 평강이 그리스도 예수 안에서 너희 마음과 생각을 지키시리라"(빌 4:6-7)

2002. 1. 21. 마하나임 칼럼

8 죽어서도 화제를 남긴 영국 마거릿 공주

인생이 어떻게 태어나느냐도 중요하지만 어떻게 인생을 마치느냐는 더 중요합니다. 그 마지막은 과정을 무시할 수 없습니다.

구정을 앞둔 지난 9일 엘리자베스 2세 영국 여왕의 단 하나뿐인 여동생 마거릿 공주(71)가 별세했습니다. 그녀는 현 여왕인 엘리자베스 2세와는 달리 스캔들로 유명했습니다. 지난 50년대 초 채 스물이 안된 처녀의 몸으로 16세 연상의 이혼남인 부왕 조지 6세의 시종무관 타운센트 대령과의 염문으로 세계를 떠들썩하게 했습니다. 그 이후에도 그녀에게는 각종 애정행각 등 화제와 스캔들이 따라 다녔습니다. 그녀는 폐의 일부를 제거하는 수술을 받고도 하루 두 세 갑의 담배를 피웠습니다. 그녀의 이러한 자유분방하고 말썽 많은 인생행로는 언니인 엘리자베스 2세의 그것과 많은 대비가 됩니다.

엘리자베스 2세 영국 여왕의 어머니인 엘리사베스 모후(101)는 13일 잉글랜드 동부 샌드링엄궁 거실에서 넘어져 팔을 다쳐 식사를 못할 정도로 몸이 불편했습니다. 그러나 지난

주 71세로 사망한 딸 마거릿 공주의 장례식에는 꼭 참석할 계획이라고 14일 영국 대중 일간지 선이 보도했습니다. 선지는 모후의 런던 저택인 클래런스궁 대변인의 말을 인용하여 "모후가 식사를 하지 않고 있는 것은 사실이다. 그러나 모후가 내일 오후 마거릿 공주의 장례식 참석차 윈저궁을 방문한다는 계획에는 변함이 없다."고 강조했습니다. 주위에서는 무리라고 말리고 있으나 모후는 마거릿 공주에게 작별인사를 하기 위해 장례식에 참석하겠다는 굳은 결심을 했다고 합니다. 동·서양이나 신분을 떠나서 어머니의 마음은 똑같지 않겠습니까?

마거릿 공주는 영국 왕족으로서는 최초로 화장(火葬)을 선택했다고 13일 영국 언론들이 보도했습니다. 마거릿 공주의 시신은 그의 유언에 따라 15일 윈저성 세인트조지교회에서 열릴 장례식 후 화장되며, 유해는 세인트조지교회 내에 묻힌 부친 조지 6세 곁에 안장됩니다. 마거릿 공주는 생전에 친지들에게 매장보다는 화장을 선호한다고 말했으며, 직계 가족들에게 화장을 해달라는 말을 남긴 것으로 알려졌습니다. 이에 대해 버킹엄궁은 확인하기를 거부하고 곧 공식발표가 있을 것이라고 밝혔습니다. 그러나 장례식 준비에 참여하고 있는 버킹엄궁 관계자들은 마거릿 공주의 화장 희망이 왕실, 특히 여왕 모후에게 충격이 될 것이라고 말했습니다. 이제까지 영국의 왕족 가운데 화장된 사람은 없지만 마거릿 공주의 화장선택은 지난 50년대 왕족 중에서는 최초로 평민과의 결혼을 희망했던 그녀의 반항적인 성격과 전적으로 부합하는 것이라고 언론은 평했습니다.

마거릿 공주는 엘리자베스 2세의 아우로서 역사를 바꾼 '위대한' 인물에는 이르지 못했지만 '유명한' 인물은 되었다고 할 수 있을 것입니다. 특히 유명한 '파파로치'라는 극성스런 사진기자들을 무려 반세기 전에 태어나게 한 장본인이 그녀이기도 하기 때문입니다.

인생이 어떻게 태어나느냐도 중요하지만 어떻게 인생을 마치느냐는 더 중요합니다. 그 마지막은 과정을 무시할 수 없습니다. 어떤 과정을 거치면서 살았느냐, 즉 삶의 내용이 최종 판단을 하기 때문입니다. 여기에 참된 아름다움이 있지 않겠습니까?

성경은 말씀합니다. "오직 너희는 택하신 족속이요 왕 같은 제사장들이요 거룩한 나라요 그의 소유된 백성이니 이는 너희를 어두운 데서 불러 내어 그의 기이한 빛에 들어가게 하신 자의 아름다운 덕을 선전하게 하려 하심이라 너희가 전에는 백성이 아니더니 이제는 하나님의 백성이요 전에는 긍휼을 얻지 못하였더니 이제는 긍휼을 얻은 자니라"(벧전 2:9-10)

2002. 2. 24. 마하나임 칼럼

9 주님은 부활하셨습니다

"만일 그리스도 안에서 우리의 바라는 것이 다만 이생뿐이면 모든 사람 가운데 우리가 더욱 불쌍한 자리라"(고전 17-19)

부활절은 주 예수님이 십자가에서 우리를 위하여 죽으시고 다시 부활하신 것을 기념하는 기독교 최대의 명절입니다. 교회력에서 보면 성탄절보다도 앞서서 지켜진 절기가 바로 부활절입니다. 부활절은 구약의 유월절과 밀접한 관련이 있습니다. 예수님이 부활하시기 3일 전, 즉 죽으시기 전날이 바로 유월절이었기 때문입니다.

유월절은 유대력으로 니산월 14일, 15일입니다. 그래서 2세기 경까지 교회들은 대체로 니산월 14일, 15일을 부활절로 지켰습니다. 그런 가운데 동방 교회와 서방 교회 사이에 날짜에 대한 견해 차이가 드러났습니다. AD 154년에 서머나 감독 폴리갑과 로마 감독 안티케투스 사이에 날짜 논쟁이 벌어졌습니다. 동방교회는 달을 중시하고 서방교회는 요일을 중시했기 때문입니다. 날짜 논쟁이 종식된 것은 325년 니케아 종

교회의에서입니다. 여기에서 달과 요일을 절충하여, 매년 춘분이 지나고 첫 번째 보름달이 지난 첫 주일을 부활절로 정정했습니다. 부활절을 영어로는 이스터(Easter)라고 합니다. 앵글로 색슨(튜톤족)족의 봄의 축제였던 이스터 여신의 축일을 부활절로 차용한 결과입니다. 부활은 영혼 문제가 아니라 육신의 문제라는 사실입니다.

그러나 영혼은 본래가 죽지 않는 불사적(不死的, immortal) 존재입니다. 사람의 영혼은 육체 안에 있든지 육체 밖에 있든지 존재에는 변화가 없습니다. 사도 바울은 자신이 육체 밖에 있었는지 육체 안에 있었는지 모르는 천국 체험을 고백한 바 있습니다(고후 12:2-3). "너는 흙이니 흙으로 돌아갈 것이니라"(창 3:19)고 하신 말씀은 어디까지나 육체에 대한 말씀입니다. 사람이 죽는다는 것은 육체에서 영혼이 떠난다는 뜻입니다. 결코 영혼이 사라진다는 뜻이 아닙니다. 단순히 육체에서 영혼이 나뉘어졌다는 뜻입니다. 그러므로 부활 역시 영혼에는 해당 사항이 없습니다. 흙으로 돌아갔던 육체가 다시 살아난다는 뜻입니다. 부활은 영혼 문제가 아니라 육체의 문제입니다. 예수님은 십자가에서 죽으시고 사흘만에 살아나신다고 말씀하셨지 영으로 살아난다고 말씀하지 않으셨습니다. 분명히 육체로 살아날 것을 말씀하셨습니다. 십자가에서 못 박혀 죽으신 것은 영혼이 아니라 분명한 육체입니다.

아리마대 요셉의 무덤에 세마포로 싸서 장사지낸 것은 영혼이 아니라 육체입니다. 부활하신 후에 제자들이 목격한 예수님은 영혼만 있는 환상의 예수님이 아닙니다. 분명한 육체를 가지셨습니다. 육안으로 똑똑히 보았습니다. 예수님이 도마에게 무엇이라고 하셨습니까? "네 손가락을 이리 내밀어 내 손을 보고 네 손을 내밀어 내 옆구리에 넣어 보라. 그리하고 믿음 없는 자가 되지 말고 믿는 자가 되라"(요 20:27)고 하셨습니다. 예수님은 못자국과 창자국이 있는 육체를 가지셨습니다. 갈릴리 호숫가에서 제자들과 함께 생선을 구워 잡수셨습니다(요 21:9-13). 예수께서 마지막으로 감람산에서 하늘로 올리우실 때에 보이신 것이 무엇입니까? 영혼입니까? 육체입니까? 천사들이 뭐라고 했습니까? "갈릴리 사람들아, 어찌하여 서서 하늘을 쳐다보느냐 너희 가운데서 하늘로 올리우신 이 예수는 하늘로 가심을 본 그대로 오시리라"(행 1:11). 하늘로 올라가실 때에 육안으로 본 육체 그대로 주님은 다시 오실 것입니다. 사도 요한은 1세기 때에 교회 안에 있었던 영지주의 이단자들에게 이런 말을 했습니다. "사랑하는 자들아 영을 다 믿지 말고 오직 영들이 하나님께 속하였나 시험하라. 많은 거짓 선지자가 세상에 나왔음이니라. 하나님의 영은 이것으로 알지니 곧 예수 그리스도께서 육체로 오신 것을 시인하는 영마다 하나님께 속한 것이요, 예수를 시인하지 아니하는 영마다 하나님께 속한 것이 아니니 이것이 곧 적그리스도의 영이니라"(요일 4:1-3).

성경은 말씀합니다. "그리스도께서 만일 다시 살지 못하셨으면 우리의 전파하는 것도 헛것이요 또 너희 믿음도 헛것이며, 또 우리가 하나님의 거짓 증인으로 발견되리니 우리가 하나님이 그리스도를 다시 살리셨다고 증거하였음이라"(고전 13-15), "그리스도께서 다시 사신 것이 없으면 너희의 믿음도 헛되고 너희가 여전히 죄 가운데 있을 것이요. 또한 그리스도 안에서 잠자는 자도 망하였으리니, 만일 그리스도 안에서 우리의 바라는 것이 다만 이생뿐이면 모든 사람 가운데 우리가 더욱 불쌍한 자리라"(고전 17-19)

육체적 부활이 없다면 예수님이 다시 사실 필요가 없습니다. 영혼만 사시면 됐지 장사지낸 육체를 무덤에서 다시 살리실 필요가 없습니다. 육체적 부활이 없다면 굳이 예수님이 십자가에서 육체적인 피를 흘리고 고통을 받으실 필요가 없으셨습니다. 그냥 모든 것을 영혼으로 해결하면 되지 않겠습니까? 예수님의 부활이 가지는 첫 번째 의미는 육체 부활의 가능성을 입증했다는 점입니다. 죽은 사람의 육체가 어떻게 될 것인가는 모든 사람의 관심사입니다. 그런데 예수님이 육체로 부활하셨습니다. 우리가 죽어서 육체가 땅에 묻히면 언젠가는 다시 살아납니다. 땅에 묻히는 몸은 썩는 몸이요, 욕된 몸이요, 약한 몸이요, 육의 몸입니다. 그러나 다시 살아날 몸은 썩지 않는 몸이요, 영광스러운 몸이요, 강한 몸이요, 신령한 몸입니다. 분명한 것은 우리의 사라진 육체가 다시 살아난다는 사실입니다.

주님은 말씀하십니다. "진실로 진실로 너희에게 이르노니 죽은 자들이 하나님의 아들의 음성을 들을 때가 오나니 곧 이때라 듣는 자는 살아나리라"(요 5:25), "이를 기이히 여기지 말라. 무덤 속에 있는 자가 다 그의 음성을 들을 때가 오나니, 선한 일을 행한 자는 생명의 부활로 악한 일을 행한 자는 심판의 부활로 나오리라"(요 28-29).

예수님은 무덤 속에 단 사흘 동안 계셨습니다. 그래서 굳이 비싼 돈을 들여 매장지를 사지 않으셨습니다. 남의 무덤에 잠시 장사되셨을 뿐입니다. 오늘 우리도 마찬가지입니다. 우리도 조만간 세상을 떠나게 될 것입니다. 영혼은 주님의 품으로 갈 것이고, 육체는 땅에 잠시 묻힐 것입니다. 그러나 그것은 잠깐입니다. 조만간 역사의 종말이 오고 주님은 다시 오십니다. 그때에 무덤에 있는 자마다 주님의 목소리를 듣게 됩니다. 그 음성에 우리는 잠에서 깨어나듯이 일어날 것입니다. 이 사실을 소망 삼고 죽음 문제에서 해방되시기 바랍니다. 이것이 오늘 부활절을 맞이하는 우리에게 주신 가장 큰 선물입니다. 주님은 부활하셨습니다.

2002. 3. 31. 마하나임 칼럼

원수를 용서함으로 복수한 미국계 유대인 여성

세상을 아름다운 세상으로 바꾸기 위해서는 하나님의 원리대로 사는 사람들이 많아져야 합니다.

"아버지를 쏜 팔레스타인 청년에게 내가 한 복수는 용서였다." 아버지에게 총격을 가한 팔레스타인 테러범을 추적하다가 마침내는 그 테러범과 화해하기에 이른 유대계 미국인 여성이 최근 수기를 펴냈습니다. 전직 워싱턴 포스트지(紙) 기자였던 주인공 로라 블루멘펠트(Blumenfeld 38)씨는 이 수기에서 "테러에 대한 진정한 복수는 용서와 화해라는 사실을 깨달았다."고 말했습니다. 용서는 위대합니다. 그러므로 그만큼 어려운 일이며 가치가 있습니다. 이스라엘과 유대인의 갈등과 분쟁은 수천 년을 이어져 내려오는 것입니다. 수없이 했던 평화 회담과 약속은 여지없이 깨어지고 파기되어 왔고, 이 싸움은 언제 끝날지도 모릅니다.

그녀는 1986년 아버지와 함께 이스라엘을 방문하여 관광을 하던 중에 팔레스타인 테러범이 쏜 총탄에 아버지가 머리를 맞고 쓰러지는 끔찍한 일을 당했습니다. 생명은 건졌지만, 그녀는 반드시 복수하겠다고 마음먹었습니다. 히브리어와 아랍어에 능통한 그녀는 워싱턴포스트지의 기자로 입사했고, 지난 98년에는 이스라엘 근무를 자원했습니다. 그리고 이스라엘 법원 기록을 뒤져 12년만에 범인을 찾아냈습니다.

테러범의 이름은 오마르 캬티브입니다. 테러범은 25년형을 선고받고 교도소에 복역 중이었습니다. 복수심에 불탄 그녀는 피해자의 딸임을 숨긴 채 범인과 가족들을 만났습니다. 역사서들에 나오는 복수사례들을 공부하고, 미국 등 서방국가에 반감을 품고 있는 아랍인들도 만나보았습니다. 그러나 그녀가 내린 결론은 복수는 동물적 본능이라는 것이었습니다. 물리적 복수보다는 범인으로 하여금 자신의 잘못을 깨닫게 하는 것이 진정한 복수라는 결론을 얻었습니다.

이후 그녀는 아버지를 쏜 범인의 가석방을 위해 법원에 청원서까지 제출했습니다. "피해자 가족이 용서했으니 이스라엘도 그를 용서해달라."고 호소했습니다. 그러나 그의 가석방은 끝내 거부되었습니다. 그녀는 지난달 아버지와 함께 테러범 오마르의 집을 찾았고, 용서를 구하는 그의 가족들과 뜨거운 포옹을 나누었습니다. 그리고 "이스라엘과 팔레스타인인(人)들도 우리처럼 서로 용서하고 화해했으면 좋겠습니다." 하고 말했습니다. 또한 최근 책으로 자신의 이야기 '복수 희망의 스토리'가 이스라엘과 팔레스타인의 유혈분쟁의 해결에 조금이나마 도움이 되기를 바란다고 밝혔습니다.

이 땅에 살면서 하나님의 자녀로 산다는 것이 쉬운 것은 아닙니다. 예수님은 원수를 사랑하라고 말씀하셨습니다. 먼저 미워하는 자를 선하게 대하라고 말씀하십니다. 그리고 저주하는 자를 위하여 축복하라고 말씀하십니다. 또한 모욕하는 자를 위하여 기도하라고 하셨습니다. 이 뺨을 치면 저 뺨까지 대고, 겉옷을 빼앗아 가면 안에 입고 있는 옷도 주라고 하셨습니다. 이것은 보통 사람은 하기 힘든 일입니다. 그런데 예수님은 정말 하기 힘든 일을 하라고 말씀하십니다. 예수님은 그것이 어렵다는 것을 잘 아십니다. 그러나 우리에게 원수를 사랑할 것을 요구하십니다. 예수님은 원수 사랑의 극치인 십자가에서 자신을 못박은 사람들을 위해서 기도함으로 본을 보여주셨습니다. 예수님은 원수사랑을 직접 실천하시고 우리에게 본받으라고 말씀하십니다.

선을 선으로 갚거나 악을 악으로 갚는 것은 누구나 다 하는 일입니다. 선을 선으로 갚는 것과 악을 악으로 갚는 것이 세상의 원리라면, 선을 악으로 갚는 것은 마귀의 원리입니다. 그러나 악을 선으로 갚는 것은 바로 하나님의 원리입니다. 마귀의 원리대로 선을 악으로 갚는 사람이 많기 때문에 우리가 사는 세상이 어렵고 황폐하고 험악하게 된 것이 아니겠습니까? 그러므로 세상을 아름다운 세상으로 바꾸기 위해서는 하나님의 원리대로 사는 사람들이 많아져야 합니다. 즉 악을 선으로 갚는 사람들이 많아져야 합니다. 이것이 바로 하나님이 하나님의 자녀들인 우리에게 요구하는 것입니다. '최대의 복수는 용서하는 것' 임을 용감한 한 여성이 몸소 실천함으로 보여주었습니다.

예수님은 말씀하십니다. "나는 너희에게 이르노니 너희 원수를 사랑하며 너희를 핍박하는 자를 위하여 기도하라 이같이 한즉 하늘에 계신 너희 아버지의 아들이 되리니 이는 하나님이 그 해를 악인과 선인에게 비취게 하시며 비를 의로운 자와 불의한 자에게 내리우심이니라 너희가 너희를 사랑하는 자를 사랑하면 무슨 상이 있으리요 세리도 이같이 아니하느냐 또 너희가 너희 형제에게만 문안하면 남보다 더하는 것이 무엇이냐 이방인들도 이같이 아니하느냐 그러므로 하늘에 계신 너희 아버지의 온전하심과 같이 너희도 온전하라"(마 5:44-48).

2002. 4. 14. 마하나임 칼럼

11 감동 있는 만남을 준비합시다

예배는 이미 우리에게 주신 하나님의 은혜를 기억하면서 우리의 가장 최고의 가치를 하나님께 드리는 하나님 중심적인 인간의 가장 고상한 행위입니다.

이 시대는 여간해서 감동하지 않는 시대입니다. 교회 안에도 감동이 없습니다. "이 백성은 내가 나를 위해 지었나니 나의 찬송을 부르게 하려 함이니라"고 성경에 기록된 것처럼, 하나님은 우리를 통해 찬송받으시기를 원하시기 때문에 인간을 창조했습니다. 또 하나님은 백성들의 찬송 가운데 거하신다고 하셨습니다. 즉 하나님은 인간의 예배를 통해 영광 받으시기를 원하시며, 예배 가운데 임하셔서 그분의 능력을 나타내시며, 놀라운 일을 행하신다는 것입니다. 이렇게 보면 하나님의 백성인 우리가 하나님과의 관계에 있어서 가장 중요하고 최우선적인 것은 예배라고 하겠습니다.

이처럼 중요한 예배가 위기를 맞고 있습니다. 한때 산업사회에서는 쉬지 않고 일하느라 주일을 지키기가 어려웠습니다. 이제 생활의 여유가 좀 생기자 놀이문화가 창궐해 주말이면 가족단위로 여행을 떠나거나 취미나 스포츠 생활로 주일예배에 대한 관심이 소홀해졌습니다. 또 지식정보시대에 접어들면서 정보기기가 사람의 일을 대신함으로써 근무시간을 줄이고 삶의 질을 높이자는 차원에서 선진국처럼 주 5일 근무제 도입을 눈앞에 두고 있습니다. 이렇게 되자 목회자들의 모임마다 주 5일 근무제에 대한 교회의 대책 연구가 주관심사가 되었습니다. 이는 전면적인 주 5일 근무제가 실시되면 주일예배에 교회가 텅 비지 않겠는가 하는 염려 때문입니다.

또 하나의 위기는 우리가 주일예배를 비롯해서 찬양예배, 수요기도회, 새벽기도회, 구역예배 등 많은 예배를 드리고 있지만 거기에 아무런 감동도 변화도 치유도 일어나지 않는다는 것입니다. 감격의 상실, 무감각의 예배가 심각한 문제입니다. 성경을 보면 이사야나 아모스는 그들이 활동하던 당시의 예배를 하나님이 더 이상 받지 않으신다고 말했습니다. 심지어 하나님이 그의 백성들이 드리는 예배를 미워하신다는 말씀까지도 합니다. 이유는 그들의 예배가 형식에 그쳐 무감각하고 무의미하게 드려졌기 때문이었습니다. 오늘날 우리가 드리는 예배도 그렇지 않다고 장담할 수 있겠습니까?

그러면 이 위기를 어떻게 극복합니까? 예수님께서는 사마리아 수가성의 우물가에서 만난 여인과의 대화에서 하나님이 오늘날 찾으시는 자는 신령과 진정으로 하나님을 예배하는 자라고 말씀하셨습니다. 예수님의 말씀은 예배의 장소나 형식이나 시간이 중요한 것이 아니라, 예배하는 사람의 마음이 중요하다는 것입니다. 오늘날 청소년을 대상으로 하는 경배나 찬양예배, 불신자들을 전도할 목적으로 현대문화의 옷을 입은 열린 예배 등 다양한 예배가 시도되고 있습니다. 모든 형식의 예배는 가능합니다. 그러나 형식이 중요한 것이 아니라 예배하는 사람들의 마음이 어떠한지가 더 중요합니다. 예배란 '예수 그리스도 안에서 자신을 계시하신 하나님과 그 하나님 앞에 뜨겁게 응답하는 만남의 현장'이라고 정의할 수 있습니다. 하나님의 사랑과 은혜를 깨닫고 그것에 감격적으로 응답하느냐가 예배의 중점입니다. 예배는 무언가를 하나님께 받으려고 드리는 인간 중심적이어서는 안됩니다. 예배는 이미 우리에게 주신 하나님의 은혜를 기억하면서 우리의 가장 최고의 가치를 하나님께 드리는 하나님 중심적인 인간의 가장 고상한 행위입니다.

아무리 시대적인 상황이 바뀐다 해도 예배는 인간이 하나님께로 향하는 최고의 가치가 부여된 시간입니다. 여유 시간이 많아져 즐긴다고 해서 평안과 쉼이 있는 것이 아닙니다. 아우구스티누스는 참회록에서 자신이 하나님의 품에 있을 때만이 진정한 안식이 있다고 고백했습니다. 예배는 바로 우리가 하나님의 품안에서 참 안식을 누리는 시간입니다. 예배를 회복해야 합니다. 하나님이 기뻐하시는 예배를 정성껏 준비해서 드리고, 그 예배 가운데 하나님과의 만남을 사모하고, 그의 역사하심을 경험하며, 이에 응답하는 감동의 예배를 드려야 합니다. 예배가 살아야 교회가 살고, 교회가 살아야 민족이 삽니다. 교회사를 볼 때 예배가 생명력을 잃어버렸을 때 하나님은 그의 백성들을 외면하셨다는 것을 잊지 말아야 합니다.

2002. 4. 21. 마하나임 칼럼

12 아시아 20大 영웅에 선정된 젊은이

"형제들아 너희가 자유를 위하여 부르심을 입었으나 그러나 그 자유로 육체의 기회를 삼지 말고 오직 사랑으로 서로 종 노릇 하라"(갈 5:13)

중국 여객기(CA)의 김해 추락사고는 우리에게 아직 큰 충격으로 남아있습니다. 이 때에 20여 명을 구조한 설익수씨는 미국 시사주간지 타임지의 아시아판 최신호(29일자)에서 '아시아의 20대 영웅'으로 뽑혔습니다. 타임지는 이 밖에 일본의 축구 영웅 나카타 히데토시, 야구선수 스즈키 이치로, 미얀마의 아웅산 수치 여사, 홍콩의 재키 챈(성룡) 등을 소개했습니다. 타임지는 지난 15일 김해에서의 중국 여객기 추락사고 당시 부상당한 몸으로 20여 명의 목숨을 구한 설익수(薛益洙·25·부산시 해운대구 반여동·대구 K여행사 직원)씨를 포함시켰습니다. 타임지는 대만의 가수로 중화권 최고의 인기를 누리고 있는 장후메이(張惠妹)를 표지 모델로 한 '아시아의 영웅'이라는 제목의 특집호에서 설씨를 "평범하지만 영웅적인 삶을 산 20명" 중 14번째로 소개했습니다.

타임지는 "정신을 잃기 전까지 가능한 한 많은 사람을 구해야 한다."고 생각했다는 설씨의 말을 인용하면서, "남을 구하기 위해 인간의 가장 강력한 본능인 자기보호 본능을 거부하는 것은 초인간적 의지가 요구된다."고 말했습니다. 이것은 대단한 용기와 사명감이 없으면 불가능한 일입니다. 설씨는 "부모님이 어렸을 때부터 모든 사람들의 삶이 소중한 것임을 수시로 일깨웠다."고 말했습니다. 그의 영웅적 행동은 어려서부터 몸에 밴 가정교육의 산물임을 암시했다고 타임지는 전했습니다. 가정 교육의 중요성은 강조할 필요조차 없습니다. 그런데 이것이 요사이에는 잘 안되니 문제가 되는 것이 아니겠습니까? 타임지는 설씨의 행동이 "정의로운 마음으로부터 비롯된 행동"이었다면서 "설씨야말로 가장 순수한 영웅일 것"이라고 평가했습니다. '20대 영웅 선정' 소식을 들은 설씨는 "그 자리에 있었다면 누구나 그렇게 했을 텐데 아시아의 영웅으로 선정됐다니 과분할 따름입니다." 누구나 그런 상황을 만났다면 똑같이 했을 것이라고 말한 것을 보니 역시 그는 영웅이 될 자격이 있는 사람이라는 생각이 들게 합니다.

설씨는 여객기가 추락하면서 옆 좌석에 있던 사람들이 갑자기 시야에서 사라지고 암흑 같은 기내에서 기적적으로 정신을 잃지 않고 밖으로 빠져나왔습니다. 설씨는 머리와 얼굴 등에 상처를 입었지만, 다른 20여 명의 부상자들을 사고지점에서 50여 m 떨어진 안전장소로 피신시켰습니다. 추락 후 얼마 지나지 않아 기체 곳곳에서 폭발이 잇따랐기 때문에 사고의 충격으로 멍하게 쓰러져 있던 부상자들을 피신시킨 설씨의 용기 있는 행동이 아니었다면 더 많은 희생자가 발생했을 것입니다. 그는 자신의 몸무게(80kg)보다 훨씬 무거운 90kg의 남자의 몸을 한 손으로 들고, 다른 부상자들을 인솔해 필사적으로 대피시켰는가 하면, 피를 흘리며 쓰러져 있는 부상자들을 담배종이로 지혈을 시키는 등 응급처치도 했습니다. 또한 119구조대에 대략적인 추락장소까지 알리는 등 1인 4역을 한 것에 대해 지금도 믿기지 않지만 위기상황에 맞닥뜨리자 갑자기 초인적인 힘이 생긴 것 같다며 그때를 회상했습니다.

그러나 사고당시 기내에서는 살려달라는 비명소리를 듣고 생명을 구조한 그는 요즘 수면제를 먹고 잠을 청하는 탓에 겨우 3시간 정도 잘 정도로 후유증에 시달리고 있었습니다. 설씨는 "좀더 많은 사람을 구하지 못해 유족들에게 죄송하다. 시신확인과 보상 등이 하루라도 빨리 마무리됐으면 좋겠다."고 말했습니다.

역시 영웅다운 말입니다. 이런 영웅들이 많이 나오면 좋겠습니다. 그러나 이런 영웅들이 많이 나오지 않는 사고와 사건 없는 사회는 더 좋지 않겠습니까? 그렇지만 사건과 사고가 없는 세상이 언제 오겠습니까? 예수님이 재림하실 때까지는 계속 사건과 사고가 일어날 것이므로 이런 신선하고 감동을 주는 영웅들이 많을수록 우리 사회는 더 좋아질 것입니다.

성경은 말씀합니다. "형제들아 너희가 자유를 위하여 부르심을 입었으나 그러나 그 자유로 육체의 기회를 삼지 말고 오직 사랑으로 서로 종 노릇 하라"(갈 5:13), "만일 누가 말하려면 하나님의 말씀을 하는 것같이 하고 누가 봉사하려면 하나님의 공급하시는 힘으로 하는 것같이 하라 이는 범사에 예수 그리스도로 말미암아 하나님이 영광을 받으시게 하려 함이니 그에게 영광과 권능이 세세에 무궁토록 있느니라"(벧전 4:11).

2002. 4. 28. 마하나임 칼럼

13 현대판 고려장

"자녀들아 너희 부모를 주 안에서 순종하라 이것이 옳으니라 네 아버지와 어머니를 공경하라 이것이 약속 있는 첫 계명이니 이는 네가 잘 되고 땅에서 장수하리라"(엡 6:1-3)

옛날에는 고려장 또는 고름장이라는 것이 있었습니다. 살아 있는 부모를 깊은 산에다가 버리는 것입니다. 그러면 그 늙은 부모는 산에서 굶어죽거나 얼어죽거나 짐승에게 물려 죽습니다. 그런데 그것이 우리 나라 고려시대까지 있었던 조상대우법이었으며, 그것이 당연한 그 사회의 관습이었습니다.

우리가 잘 아는 이야기입니다. 어느 아들이 자기 어머니를 업고 깊은 산 속으로 들어갑니다. 행여 어머니가 돌아오실까 해서 깊은 산으로 들어갑니다. 이 늙은 어머니는 아들의 지게에 업혀서 가는데 가만히 있지를 않고 나뭇가지를 꺾어 쌉니다. 아들은 무거운데 어머니는 나뭇가지를 꺾느라고 흔들거리니까 더 힘이 듭니다. 알다시피 지게를 지고 가면 짐이 가만히 있어야지 움직이게 되면 힘이 더 많이 들게 됩니다. 그런데도 이 늙은 어머니는 자꾸만 나뭇가지를 잡아 꺾었습니다. 그래서 아들은 속으로 "이러니까, 노망했지." 아들은 그럴수록 더 깊이 가져다 버려야겠다고 생각하고 돌아올 수 없는 비탈길로 들어갑니다. 그런데도 늙은 어머니는 나뭇가지를 계속 꺾는 것입니다. 그래서 아들이 참다 못해서 벌컥 화를 내면서 한 마디 했습니다. "왜 가만히 있지를 못하고 그러십니까?" 그러자 어머니가 말합니다. "얘야, 미안하구나. 실은 산이 깊어지면 네가 돌아갈 길을 잃어버릴까봐서 그런다." 그 순간 이 아들은 회개하고 어머니를 업고 다시 내려왔다고 합니다. 그렇습니다. 이렇게 부모의 마음은 자기를 갖다버리는 자식일지라도 그 자식을 살리려는 것이 부모의 마음입니다.

그런데 요즘은 현대판 고려장이 많다고 합니다. 제주도에 효도관광을 시켜드리겠다고 부모를 모시고 가서 거기에다 두고 온다는 것입니다. 그래서 양로원의 노인들끼리는 서로 제주도로 관광하면 안된다고 한답니다. 그것을 TV에서 조사를 했는데 그 노인들에게 물었습니다. "집이 어디냐? 이전에 살던 집을 아느냐?" 그러면 노인은 "생각이 안난다."고 하면서 눈물만 계속 흘린다고 합니다. 아나운서는 "왜 생각이 안나겠는가? 자식은 자기를 버렸지만 자식 체면, 자식 걱정해서 그런 것이다."라고 합니다. 이것이 바로 말세의 징조입니다. 성경에 말세의 징조가 나오는데 그중 하나가 부모를 거역하는 것입니다.

성경은 말씀합니다. "네가 이것을 알라 말세에 고통하는 때가 이르리니 사람들은 자기를 사랑하며 돈을 사랑하며 자긍하며 교만하며 훼방하며 부모를 거역하며 감사치 아니하며 거룩하지 아니하며 무정하며 원통함을 풀지 아니하며 참소하며 절제하지 못하며 사나우며 선한 것을 좋아 아니하며 배반하여 팔며 조급하며 자고하며 쾌락을 사랑하기를 하나님 사랑하는 것보다 더하며 경건의 모양은 있으나 경건의 능력은 부인하는 자니 이같은 자들에게서 네가 돌아서라"(딤후 3:1-5), "무릇 그리스도 예수 안에서 경건하게 살고자 하는 자는 핍박을 받으리라"(딤후 3:12)

어버이날을 맞이하여 우리는 다시 한 번 부모공경을 새겨 봅시다.

성경은 말씀합니다. "자녀들아 너희 부모를 주 안에서 순종하라 이것이 옳으니라 네 아버지와 어머니를 공경하라 이것이 약속 있는 첫 계명이니 이는 네가 잘 되고 땅에서 장수하리라 또 아비들아 너희 자녀를 노엽게 하지 말고 오직 주의 교양과 훈계로 양육하라"(엡 6:1-4)

2002. 5. 13. 마하나임 칼럼

14 월드컵을 통한 감사

월드컵 기간 동안 함께 모여 응원하며 기도하며 좋은 시간을 보냈습니다. 우리도 이제 새로운 도전을 위한 비전과 기도가 우리에게 필요한 때가 아니겠습니까?

'2002 월드컵' 대회는 독특한 특징을 가지고 있습니다. 그것은 그 어느 월드컵 대회 때보다 전국 교회가 기도와 응원에 동참했다는 사실입니다. 전국 교회에서 시합 때마다 "하나님 감사합니다."라는 뜨거운 기도가 터져 나왔습니다. 그러므로 4강 진출은 우리 나라의 국가 대표 선수들의 불같은 투지와 체력, 그리고 히딩크 감독의 전략과 용병술뿐만 아니라, 여기에 온 국민의 응원과 특히 교회와 성도들의 기도가 이뤄낸 승리였습니다. 스페인과의 8강전에서 승부차기까지 가는 혈투 끝에 스페인을 5대 3으로 이기고 4강에 진출하자 온 교회는 하나님께 감사의 기도를 드렸습니다.

특히 거미손 골키퍼 이운재 선수(홍릉교회)가 스페인 4번째 키커의 볼을 막아내자 홍릉교회와 성도들은 "할렐루야, 하나님 감사합니다."를 외쳤습니다. 이운재 선수는 경기가 끝난 뒤 청주의 본가에서 응원한 부인 김현주씨에게 전화를 걸어 "나도 모르게 몸과 손이 나갔다. 하나님께서 손을 이끌어 주신 것 같다."고 말했습니다. 김현주씨는 "경기 종료까지 마음을 졸이면서 승리하기를 기도했는데 하나님께서 복을 주셨다. 선수들이 빨리 회복되어 다음 경기에서 더 좋은 결과를 냈으면 좋겠다."고 말했습니다.

스페인과의 8강전이 열린 22일, 전국 1,200만 성도들은 한 마음으로 응원하면서 선수들의 발놀림 하나하나에 승리를 향한 기도문을 바쳤습니다. 주일 예배를 앞둔 토요일, 경건의 적막에 빠져 있어야 할 전국의 교회는 예배당에 대형 스크린을 설치하여 주민과 성도들에게 문호를 활짝 개방했고, 한국 축구의 선전에 함께 환호했습니다.

대 스페인전이 열린 광주의 모 교회에서는 교회 내에 대형 스크린을 설치하고 열렬한 응원을 보냈습니다. 교회당에는 정오부터 성도들을 비롯하여 인근 아파트 주민들이 몰려 '한국 파이팅'을 외쳤고, 승부차기까지 가는 접전 끝에 5대 3으로 한국이 승리하자 모여 있던 1,500여 명의 성도들은 일제히 함성을 질렀습니다. 성도들은 "우리가 이겼다. 4강이다. 하나님 감사합니다." 등의 구호를 외치며 서로 부둥켜안으며 울음을 터뜨리기도 했습니다. 성도들은 또 "대~한민국"을 연호하며 마음껏 우리 나라 선수들의 이름을 외치기도 했습니다.

성도들은 경기 시작 전에 다함께 모여 30분 동안 집중기도를 드렸습니다.

서울의 모 교회는 이날 오후 3시 대성전에서 1,000여 명의 성도들이 대형 스크린을 통해 한국팀을 응원했습니다. 담임 목사의 기도를 시작으로 응원에 임한 성도들은 승부차기로 4강 진입이 확정되자 서로 얼싸안고 기쁨을 나누었습니다. 4강까지 이뤄낸 이번 월드컵은 한국교회가 전도에도 열정적으로 참여하고, 선교월드컵의 이미지를 심었고, 세계 속에 스포츠 선교의 중요성을 확인했다는 점에서 의미가 크다고 기뻐했습니다. 어느 교회는 대형 멀티미디어를 통해 응원전을 갖는다는 광고를 인근 지역에 실시, 12시경부터 지역 젊은이들이 모여들기 시작해 오후 3시경에는 부속 성전까지 무려 ,7000여 명이 모여 열띤 응원을 펼쳤습니다. 태극기를 흔들며 타악기까지 동원한 이번 응원에는 구청장 등 지역 인사들까지 참석해 '필승 코리아'를 외쳤고, 긴박한 장면이 펼쳐질 때마다 곳곳에서 두 손을 모아 뜨겁게 기도했습니다.

서울 온누리교회의 서빙고 본당과 양재성전에도 4,000여 명의 성도들이 열띤 응원전을 펼쳤습니다. 성도들은 체력과 기술면에서 세계 수준인 스페인팀에 결코 뒤지지 않는 모습을 보여주며, 승리한 태극전사들에게 아낌없는 박수를 보냈습니다. 특히 이운재, 안정환, 유상철, 이천수, 이영표, 송종국, 김태영 등 믿음의 전사들이 혼신을 다해 승리를 이끌어내자 "태극 전사들아, 잘했다. 믿음의 용사들아 정말 잘했다."며 환호했습니다. 교회는 응원자들을 위해 물과 팝콘 등을 준비하기도 했습니다. 온누리교회는 그동안 새벽기도회와 교회 내 각종 행사 때마다 송종국, 이영표, 최태욱 등 기드온 용사들의 승리와 선전을 위해 간절히 기도해왔습니다.

전북 전주와 익산지역의 교회들도 열렬히 응원했습니다. 4강을 기원하는 플래카드를 교회 밖에 내걸고 지역 주민들에게 교회를 개방했습니다. 본당에 대형 스크린을 설치하고 청년부원들이 성도들과 지역주민들에게 음료와 다과를 나눠주며 응원전을 펼쳤습니다. 한국이 승부차기에서 5대 3으로 승리하는 순간 환호했으며, 지난 폴란드전과 포르투갈전과 이태리전 때에도 교회를 개방해 지역 주민들과 함께 응원전을 펼쳤습니다. 부산과 경남 지역의 교회들도 마찬가지입니다. 경남 김해시 모 교회는 본당에 300in 대형 스크린을 설치하고 월드컵 한국의 전 경기를 중계했습니다. 폴란드와 미국과 포르투갈과 이탈리아전에 연 인원 5,000명 이상의 지역 주민들이 참석하여 축구를 관람했으며, 스페인전에는 2,000여 명의 성도와 지역 주민들이 응원했습니다.

우리 남천 교회에서도 교육관 2층에 대형 TV를 설치하고 이탈리아전부터 스페인과 독일, 그리고 터키전 때에 이웃을 초청하여 함께 응원했습니다. 그리고 기도하며 "하나님, 감사합니다."를 외쳤습니다. 2002 월드컵 기독시민협의회 대표회장 김준곤 목사는 "한국의 4강 진출은 축구사에 새로운 역사를 쓰는 것은 물론이고 전 세계에 기도하는 한국, 선교하는 한국의 높은 위상을 심어줬다."고 말했습니다.

그라운드에 무릎 꿇고 기도한 믿음의 선수들처럼 우리도 하나님께 감사하고 더욱 더 주의 복음을 열심히 전하는데 에너지를 모아야 할 것입니다. 월드컵 기간 동안 함께 모여 응원하며 기도하며 좋은 시간을 보냈습니다. 우리도 이제 새로운 도전을 위한 비전과 기도가 우리에게 필요한 때가 아니겠습니까?

성경은 말씀합니다. "그를 향하여 우리의 가진 바 담대한 것이 이것이니 그의 뜻대로 무엇을 구하면 들으심이라"(요일 5:14).

2002. 7. 8. 마하나임 칼럼

행복한 시인

■

초판 1쇄 인쇄 / 2002년 10월 5일
초판 1쇄 발행 / 2002년 10월 10일

■

지은이/배 굉 호
펴낸이/김 수 관
펴낸곳/도서출판 영문
122-070 서울시 은평구 역촌동 10-82
☎ (02) 357-8585
FAX • (02) 382-4411

■

출판등록번호/제 03-01016호
출판등록일/ 1997. 7. 24

파본은 교환해 드립니다.
본 출판물은 저작권법으로 보호 받는
저작물이므로 출판사나 저자의 허락없이
무단 전재나 무단 복제를 할 수 없습니다.

정가 6,000원

ISBN 89-8487-094-3   03230

Printed in Korea